プーチン大統領の新・守護霊メッセージ

Ryuho Okawa
大川隆法

本霊言は、2014年4月18日、幸福の科学総合本部にて、
質問者との対話形式で公開収録された（写真上・下）。

まえがき

ロシアのウクライナ侵攻問題によって、世界の秩序が揺れている。シリア問題で、プーチン大統領に、あっさり**してやられた**オバマ米大統領にしてみれば、電光石火のごとくクリミアを併合し、ウクライナ全体をうかがうロシアに怒り心頭というところだろう。

対米追従一辺倒（いっぺんとう）の考え方からすれば、日本のとるべき態度は明らかだろう。しかし、尖閣問題で紛争が起きた時、本当に米軍が中国と戦ってくれるか、と自問自答した時、信じ切れないのが、安倍総理の名宰相（めいさいしょう）としての勘（かん）だろう。アメリカの善意は信じたいが、中国に金庫の鍵を握られている事実にかわりない。

本書では、九十パーセント誤解されているプーチン大統領の真意に迫ってみた。まだかけひきは隠されていようが、「親日家（しんにちか）」というのは本音（ほんね）である。本書をどのように「外交上のテキスト」として使うか、安倍総理や外務省のお手並み拝見である。

二〇一四年　四月十九日

幸福の科学（こうふくのかがく）グループ創始者兼総裁（そうししゃけんそうさい）
大川隆法（おおかわりゅうほう）

プーチン大統領の新・守護霊メッセージ　目次

プーチン大統領の新・守護霊メッセージ

二〇一四年四月十八日　プーチン守護霊の霊示
東京都・幸福の科学総合本部にて

「霊言現象」とは、あの世の霊存在の言葉を語り下ろす現象のことをいう。これは高度な悟りを開いた者に特有のものであり、「霊媒現象」（トランス状態になって意識を失い、霊が一方的にしゃべる現象）とは異なる。外国人霊の霊言の場合には、霊言現象を行う者の言語中枢から、必要な言葉を選び出し、日本語で語ることも可能である。

また、人間の魂は原則として六人のグループからなり、あの世に残っている「魂の兄弟」の一人が守護霊を務めている。つまり、守護霊は、実は自分自身の魂の一部である。したがって、「守護霊の霊言」とは、いわば本人の潜在意識にアクセスしたものであり、その内容は、その人が潜在意識で考えていること（本心）と考えてよい。

なお、「霊言」は、あくまでも霊人の意見であり、幸福の科学グループとしての見解と矛盾する内容を含む場合がある点、付記しておきたい。

プーチン大統領の新・守護霊メッセージ

二〇一四年四月十八日　プーチン守護霊の霊示
東京都・幸福の科学総合本部にて

ウラジーミル・プーチン（一九五二〜）

ロシアの政治家。レニングラード大学法学部を卒業後、旧ソ連のソ連国家保安委員会等で活躍したのち、エリツィン政権の末期に首相となり、その後、大統領を二期務めた。ロシアでは、憲法上、大統領は連続での三選を禁止されているため、いったん首相に戻ったが、二〇一二年三月の大統領選で三選を果たし、同年五月、再び大統領に就任した。親日派であり、過去世は江戸幕府の八代将軍・徳川吉宗（『ロシア・プーチン新大統領と帝国の未来』〔幸福実現党刊〕参照）。

質問者　※質問順

里村英一（幸福の科学専務理事〔広報・マーケティング企画担当〕）
綾織次郎（幸福の科学上級理事 兼「ザ・リバティ」編集長 兼 幸福の科学大学講師※）
藤井幹久（幸福の科学国際本部国際政治局長）

［役職は収録時点のもの］

※幸福の科学大学（仮称）は、2015年開学に向けて設置認可申請中につき、大学の役職については就任予定のものです。

1　オバマ守護霊にプーチン守護霊が「反論」に来る

オバマ大統領の守護霊から見たプーチン大統領は〝デーモン閣下〟

大川隆法　昨日（二〇一四年四月十七日）、もうすぐ来日する、アメリカのオバマ大統領の守護霊と、幸福の科学の女性幹部との対談を録って（『オバマ大統領の新・守護霊メッセージ』〔幸福の科学出版刊〕参照）、今朝、原稿の校正を終えました。来週の訪日（四月二十三日から二十五日まで）に合わせて本を出そうと計画しているところです。

ただ、今日は、朝から、「ロシアのプーチン大統領の守護霊が来たかな」という感じがありました。これは、ある意味では当然かと思います。

昨日のオバマ大統領守護霊の話は、抽象的な言い方で終わってはいましたが、プーチン大統領については、〝デーモン閣下〟という感じの言い方でした。

そのため、プーチンさんの守護霊としては何か言わなくてはならず、それは一言どころではないかもしれません。「これがそのまま流通されると困る」ということは当然あるでしょう。

先週も、「小保方さん」対「理研理事長」の守護霊霊言があったのですが（『小保方晴子さん守護霊インタビュー　それでも「STAP細胞」は存在する』『嫉妬・老害・ノーベル賞の三角関数』守護霊を認めない理研・野依良治理事長の守護霊による、STAP細胞潰し霊言』〔共に幸福の科学出版刊〕参照）、最近は、これが流行りなのでしょうか。

幸福の科学は、国際司法裁判所でもないのに、この世の「もめ事」の裁定をしな

『オバマ大統領の新・守護霊メッセージ』
2014年4月17日、オバマ大統領守護霊の霊言を収録した。（幸福の科学出版）

くてはいけないようです。

オバマさんの守護霊の一方的な意見だけではいけないでしょうから、プーチンさんの守護霊の意見も聴いて、判断の材料にしたほうがよいとは思います。

「オバマ大統領との器の違い」をPRするプーチン守護霊

大川隆法　昨日のオバマさん（守護霊）の態度を見て、プーチンさん（守護霊）のほうは、「わしは日本語にてやれるし、質問者は、どのような〝荒くれ男〟でも構わない。意地悪な男でもオーケーであり、ウェルカムだ。誰であっても相手をしてやる。『女性一人に絞らなくては駄目だ』というのは軟弱だ」と言い、器が全然違うところをPRしていました（注。オバマ大統領の守護霊は霊言を英語で行い、質問者には、以前にも質問したことのある女性を一名、指名してきた）。

こういうかたちで、さっそく最初から〝戦い〟は始まっています。〝大国競争〟が始まっているのです。

ただ、昨日のオバマさんの守護霊は、質問者を女性一人に絞ったものの、（安心して）本音をボロボロと話してしまったようなところもあって、ある意味での危うさが、ないわけではありませんでした。

今日は、向こう（プーチン大統領の守護霊）が強気で来て、弁明するつもりでいるので、その意味では、逆の意味で〝ボロが出る〟可能性もあるかと思います。

これだけ（質問者が）揃ったら、時間が幾らあっても足りないでしょう。

今日の収録を拒否することも考えたのですが、明日の朝も来るかもしれません。

また、今度の日曜日（四月二十日）に、私は大阪でセミナーを行い、「自由の革命」という題で説法をする予定になっていますが、プーチン守護霊は、「大阪でセミナーをし、『自由の革命』という話をするんだって？　それって、ちょうど俺向きだな」というようなことを言うので、「これはまずい」と思いました。

大阪で「霊言収録」となったらまずいので、しかたなく、早めにギブアップをして、先方の希望どおりに霊言を収録することにしました。

まあ、やはり、（オバマ大統領とプーチン大統領の）両方の意見を聴くべきかとは思います。「幸福の科学は世界から頼りにされ始めた」と考えるべきなのでしょうか。

プーチン大統領は〝大技〟を考えているはず

大川隆法　今は（政府の）「戦略」が大きく狂おうとしています。安倍政権の「対ロ戦略」が、今、大きく揺れ始めているので、これは彼にとっては大事な一本でしょうね。

さあ、どのように攻めてくるか、見たいところです。（質問者たちは）優秀な人たちなので、何か考えておられると思います。

おそらく、オバマさん（守護霊）とは違う「懐の広さ」を見せようとすると思われます。「空約束」、「空手形」かもしれませんが、どこまで気前よく手形を切ってくるか、これは見物だと思います。そのへんが今日のいちばんの見所です。

オバマさんの守護霊は、基本的に、「何かをくれる」とは言わず、「何かをしろ」とも言わず、「日本は、もう何もしてくれるな」ということであり、「現状を維持したい。戦後のアメリカ優位の体制での世界秩序を安定させたい」という、この一点でした。「少なくとも、あと二年、自分が大統領を辞めるまでは、それで行ってくれ」ということだったのです。

しかし、プーチン大統領は「違う」と思います。

この人には、まだ任期が何年かありますが、そのあと、もう一期やったら、あと十年は任期があります（注。プーチン大統領の任期は二〇一八年までだが、再選されれば二〇二四年まで務めることができる）。

十年あれば、かなりのことがやれるので、〝大技〟を考えているはずですし、「独裁者」と批判されるだけあって、そうとうのことが自分でできるはずなので、おそらく、（オバマさんの守護霊より）もっと大胆なことを言ってくると思います。

このへんが今日の〝駆け引き〟のところです。

国民に情報を開示し、政府に「行くべき道」を指し示す

大川隆法　外務省には、まことに申し訳なく、政府にも申し訳ないことながら、今日は、一足早く、プーチン大統領の守護霊に話を訊きます。

岸田外務大臣は、昨日（四月十七日）、「ロシア訪問を延期する」ということを発表なさいました。

プーチン大統領を日本にお呼びするための〝お膳立て〟で、一回、日本の外相がロシアに行き、プーチン大統領と会談する予定だったのですが、「日本にアメリカからオバマ大統領が来るので、その前には行けない」ということなのでしょう。

そして、「アメリカのご要望を聞いて、世間の情勢を見ながら、どうするかを決める」ということでしょう。

だから、今回の収録は、「プーチン大統領のほうから、その守護霊が日本に来た」ということです。

「政府に代わり、いち早く情報を取って国民に開示する。国民に開示された、その情報に基づいて、政府は、どう判断するかを決めなくてはいけない」というかたちで、官僚や政府に「行くべき道」を指し示すことが、当会の仕事ではないかと思っています。

人々に「考え」を出してしまえば、国会議員の方も読むので、それは、ある程度、一つの判断材料となります。

（幸福実現党に）政党として実体（国会での議席）がなくとも、意見を出し続けていれば、一定の方向に〝圧力〟をかけることはできると思います。

ロシアのプーチン大統領の守護霊を招霊する

大川隆法　以上を前置きとして、プーチン大統領の守護霊と話をしてみたいと思います。

（合掌(がっしょう)し、瞑目(めいもく)する）

それでは、本日は、今、ウクライナ問題等で注目を集めており、また、世界からいろいろと批判も受けております、ウラジーミル・プーチン・ロシア大統領の守護霊をお呼びし、そのご本心、および、アメリカ大統領オバマ氏の守護霊のご意見に対する弁明・反論等を、お聴き申し上げたいと思います。

（両手の拳(こぶし)を胸の前で握(にぎ)ったり開いたりする）

プーチン大統領の守護霊よ。

プーチン大統領の守護霊よ。

どうか、幸福の科学総合本部に降りたまいて、われらに、その御心(おこころ)を明かしたまえ。

プーチン大統領の守護霊よ。

プーチン大統領の守護霊よ。

どうか、幸福の科学総合本部に降りたまいて、その御心の内を明かしたまえ。

（約五秒間の沈黙）

2 「いい独裁者」を強調するプーチン守護霊

プーチン大統領の守護霊、元気よく登場

プーチン守護霊 （両手の拳を握り締めて）ヨシ！ ヨシ！

里村 プーチン大統領（の守護霊）でいらっしゃいますね？

プーチン守護霊 おお！

里村 はい。その登場……。

プーチン守護霊　（里村を見て）姿三四郎の……。

里村　はい（笑）。

プーチン守護霊　おお！　お孫さん……。いや、甥御さん……。

里村　いえ（笑）、私は（姿三四郎のモデルの一人の）子孫でございます。

プーチン守護霊　おお！　（柔道を）練習しに来なさい。

里村　はい。ありがとうございます。

プーチン守護霊　稽古をつけにきてくれ。

里村　はい。ありがとうございます。

プーチン守護霊　ええ?

里村　二年前と本当に変わらないお元気さで（注。プーチン大統領の守護霊は二〇一二年三月六日にも霊言を収録している。『ロシア・プーチン新大統領と帝国の未来』〔幸福実現党刊〕参照）、今日も、ご降臨いただきまして……。

プーチン守護霊　俺は、やるぞう。やって、やってじゃあ。

『ロシア・プーチン新大統領と帝国の未来』2012年3月6日、プーチン大統領守護霊の霊言を収録した。(幸福実現党)

「日本語は国際語」と語るプーチン守護霊

里村　今日も、ひとつ、本当に快刀乱麻（かいとうらんま）を断（た）つごとく……。

プーチン守護霊　オバマみたいな、日本語をしゃべれないような低能と一緒（いっしょ）にするんじゃないわ。日本語は国際語なんだから、今はね。ええ？

里村　まさにそうでございます。

プーチン守護霊　当ったり前だろう？

里村　はい。

プーチン守護霊　各国の大統領は日本語がベラベラでなきゃ駄目(だめ)なのよ。これが人類の未来なんだ。

里村　ぜひ、今日も、その調子で……。

プーチン守護霊　そうなんだ！

里村　ええ。いろいろなかたちで……。

プーチン守護霊　君よりは日本語がうまいからね、僕(ぼく)のほうが。

里村　はい。そう思います。

まだ十年やる気でいるプーチン大統領

里村　今日は、プーチン大統領のお知恵（ちえ）を、いろいろとお聞かせいただきたいと思います。

プーチン守護霊　ああ。何でも言うてくれ。

里村　どうもありがとうございます。

プーチン守護霊　何でも訊（き）いてくれ。

まあ、実現できないことは、できないが、「したい」と思うことについては、「したい」と、はっきり言うから。

俺が「したい」と思って、できないことは、誰（だれ）か（オバマ大統領）と同じで、「お金がない場合、できない」ということと（笑）、「寿命がなければ、できない」ということ等だ。

そういうことはあるけれども、それ以外には、「できる」とか「やりたい」とか言うことについては、信じてもらってもいい。

こちらは、まだ十年やる気ではいるからね。

里村　やっぱり、そうでございますか。

プーチン守護霊　これは信頼感が違うねえ。約束したって、代わったら終わりだからね。

里村　今日は、今後十年間の構想も含めて、お話をお伺いできればと思っています。

プーチン守護霊　今日の話の内容によっては、●講道館に六段を申請しといてくれるか。

里村　分かりました。承知いたしました。

アメリカやＥＵからの批判の半分は「嫉妬」

里村　前回、二年前にお出でいただいたときは、まだ、「大統領就任の直前」という段階でございました。

プーチン守護霊　そうだなあ。うんうん。

里村　そのあと大統領になられて二年たちますが、いまだに、非常に高い支持率をお持ちでいらっしゃいます。

●**講道館に六段を申請**　プーチン大統領の柔道の段位は、講道館で五段、国際柔道連盟で八段とされる。

プーチン守護霊　うんうん。そうなんだよ。

里村　さらに、ソチオリンピックも大成功で……。

プーチン守護霊　そうなんだよ。

里村　おかげさまで、日本選手も活躍できました。
この二年間、三期目の大統領について、今、どのようなご感想をお持ちか、そのへんから、まず話をお伺いしたいと思います。

プーチン守護霊　いやあ、アメリカやＥＵ（欧州連合）から批判を受けているのは知っている。まあ、半分はそうかもしらんけど、半分は「嫉妬」だよな。今どき、「独裁をやってのける」なんていうのは、うらやましくて、しょうがないんだよ、本当はさあ。

「何も決められない民主主義」か、「哲人王による独裁」か

里村　ご自分で「独裁」と言って（笑）……。

プーチン守護霊　いや、「独裁」ったって、実際にそうだから、しゃあないじゃない？

里村　はい（笑）。

プーチン守護霊　そうなんだから、しょうがない。でも、独裁者には「いい独裁者」と「悪い独裁者」がいるからね。

「いい独裁者」っていうのは、いいんだよ。すごく決断力に富んでいて、国民も安心して任せられるよな。

里村　「哲人王」とも言われます。

プーチン守護霊　ああ、そう。ここまで来たら、もう何でもいいよ。とにかく、アメリカは何も決められないじゃない？　なあ？　「何も決められない民主主義」よりは、やっぱり、「哲人王による独裁」のほうがグッと上だよ。それはそうだよな。

ウクライナ問題を「経済的救済力競争」とする見方を称賛

里村　「アメリカやＥＵから嫉妬が出ている」とのことですが、まずはウクライナについて……。

プーチン守護霊　まあ、嫉妬するだろうねえ。やっぱり、こんなに長く権力を保っていて、人気があるなんて、うらやましかろうなあ。

里村　はい。今日は四月十八日でございますけれども、ちょうど一カ月前は、ロシアが「クリミア併合(へいごう)」を宣言した日でございまして……。

プーチン守護霊　ああ、そうか。

里村　今日でちょうど一カ月でございます。

クリミア併合などのウクライナ問題について、相変わらず、冷戦構造のなかで捉(とら)える考え方もありますが、私どもは、そうではなく、「経済的救済力競争なのだ」という見方をしているのでございますけれども……。

プーチン守護霊　ああ、なるほど。

里村　このへんについて、ぜひ……。

プーチン守護霊　誰が、そんなことを言っているんだ?

里村　幸福の科学の大川隆法総裁でございます（『危機の時代の国際政治』〔幸福の科学出版刊〕の「まえがき」参照）。

プーチン守護霊　それ、頭のいい人だろうね、きっと。

里村　はい。

プーチン守護霊　それは素晴らしい。そこまで分かるんだったら、すごいねえ。

里村　今回のクリミア併合などのウクライナ問題について、ぜひ真意をお聞かせいただきたいと思います。

プーチン守護霊　それは、オバマより、よっぽど頭がいいわ。それはすごいわ。

里村　当然でございます。

プーチン守護霊　オバマは全然分かってないからさあ。

「クリミア併合（へいごう）」に関する、プーチン大統領の本音（ほんね）とは

里村　クリミアがウクライナから分離（ぶんり）・独立すると、そのあと、ロシアがクリミアを併合（へいごう）しましたが、その動きについて……。

プーチン守護霊　いやあ、くっだらねえんだよ。だから、「細かいことで横槍（よこやり）を入れてくるな」っていうんだよ、だいたい。

あの辺は、もともと、うち（ロシア）の〝庭〟じゃないか。何を言ってんだよ。「もう、いいかげんにしろ」っていうんだよ。なあ！　もう、ほんとに。「よそからグチャグチャ言うんじゃない」っていうんだよ。海の向こうから。ねえ？

余計なお世話だよ。「お世話したかったら、ちゃんと金と軍隊を出してみろ」っていうんだよ。「ないんなら、黙（だま）ってろ」って。ねえ？　それが本音（ほんね）だよ。

「ここ（日本）まで来て、『金がない』なんてわめくんじゃない」って言うんだ！

恥ずかしい。なあ？
「そんなことを言うために、わざわざ日本に来るな。航空機代がもったいないんだから、来るな」って言うんだよ。ねえ？
そんなもの、ケチをしたほうがいいよ。ケチをして、自転車でワシントンの周りを走っとったらいいんだよ。

里村　それはオバマ大統領についての話でしょうか。

プーチン守護霊　そうそう、そうそう。

里村　それについては、のちほど、お伺いしたいと思うのですけれども。

プーチン守護霊　うーん。

“沈没（ちんぼつ）する船”（ウクライナ）から、人々を救わなくてはならない

里村　今回、あのような決断をされた、クリミア併合の背景について、もし、よろしければ……。

プーチン守護霊　いやあ、「もともとロシアのもの」じゃないか。何の問題もないわ。たまたま、ゴルバチョフが、全部、投げ出しただけじゃない？　ねえ？

里村　はい。

プーチン守護霊　だから、「希望する人は乗船（じょうせん）してよろしい」と言って、希望者を救おうとしているだけじゃない？

里村　はい。

プーチン守護霊　希望しない者まで救おうとはしないけどさ。

綾織　ウクライナには幾つもの州があるのですが、州の住民による、「ロシアに入りたい」という宣言が、ところどころで始まっています。

プーチン守護霊　うんうん。希望があったら、救わなきゃいけないわな。

綾織　それを、基本的には……。

プーチン守護霊　ウクライナは〝沈もう〟としているんだよ。

あの、韓国の何？　旅客船？

里村　そうですね（注。この収録の二日前に韓国の旅客船が沈没し、乗客の修学旅行生などが数多く犠牲になった）。

プーチン守護霊　あれと同じだよ。いきなりウクライナ全部が〝沈もう〟としているんだからさあ。

「助けてくれ」っていうやつは、助けられるんだったら、助けてやりたい。「助けてくれ」って言わんやつまでは手が回らんけど、「助けてくれ」って言うところ、その声が大きいところは、早く助けてやらないといかんからさあ。

だって、あっち（ＥＵ）に吸い込まれたら、そのあと国が沈没するからね、間違いなく。もう分かっているから。

綾織　客観的な判断として、ＥＵでは支援ができないだろうということですね？

プーチン守護霊　できるわけないじゃん？　だいたい、できた実績がないじゃない？　全然。みんな、もう息も絶え絶えじゃない？

あのね、逆の目で見りゃ、みんなで寄ってたかってさあ、ドイツを〝地獄の底〟に落とそうとしているような運動にしか見えないね。

俺、ドイツにいたことあるけどさ。

里村　ええ、ＥＵのほうは、もう重荷を抱えるだけになって……。

プーチン守護霊　無理だよ。どこが救済するのよ？

そらあ、アメリカが金を出してくれるっていうんならいけるよ。オッケーだよ。戦後みたいにアメリカがやってくれるっていうならいいけど、昨日、見たでしょう？　アメリカの現状を（注。本霊言の前日に、オバマ大統領の守護霊霊言を収録したことを指す)。もう、「金を貸してくれ」とか「くれ」とか、そんな話ばかりじゃないの。ねえ?

それに、アメリカがEUを支えるっていうことは不可能でしょう? EUになかったら、みんな、ドイツから幾らむしり取るかだけの話よ。

里村 はい。

プーチン守護霊が読み解く「韓国(かんこく)の未来」

プーチン守護霊 この前、朴槿恵(パククネ)がさあ、ヨーロッパで三者会談をやったじゃないの? 安倍(あべ)ちゃんとさあ、朴さんとさあ、あとオバマちゃんとさあ、三人で……。

里村 安倍ちゃん、オバマちゃん(笑)……。

プーチン守護霊　ヨーロッパで三者会談して、「まあ、仲良うせえや」って、なんか、やってたやろ？　なんかチョコチョコと。なんで、あんなとこでやるのか知らんけどさあ。そのあとクネちゃんは、あれやんけ？　ドイツへ行っとるわ。確か、ドイツへ行ってるよな？

里村　はい。

プーチン守護霊　それで、ドイツでメルケルさんと会ってるわ。そのときに聞いたのは、あれでしょう？　東西ドイツの併合でどうなったか。それを聞いたんでしょう？

里村　そうなんです。

プーチン守護霊　それを聞いて、顔が真っ青になった。「とてもじゃないけど耐えられない」っていう……。

里村　金額がでかすぎた。

プーチン守護霊　そうそうそうそう。もう、でかい……、彼女の想像を百倍ぐらい超える金額だったのよ。聞いたらね。まさか、そこまで行くとは思わなかった、と。

里村　ええ。

プーチン守護霊　彼女は、君たちの霊言で言ってるとおり（『守護霊インタビュー朴槿惠韓国大統領　なぜ、私は「反日」なのか』〔幸福の科学出版刊〕参照）、三兆円か五兆円で北を併合しようと考えてきたんだよ。

ところが実際はねえ、何百兆を超えて、何千兆と要るのではないかと言われて……。

里村　はい。

プーチン守護霊　ええ、「四十兆ユーロ（約五千六百兆円）ないと東ドイツは吸収合併できなかった。いまだに、その負債部分が残ったままで、続いてるんだ」というようなことをメルケルさんが言った。

そんなもん、韓国に払えるわけがないじゃない？　日本の国家予算が今、全部入れて百兆円ギリギリぐらいでしょう？　そんなもん払えるわけないじゃない？　だから〝沈没〟だよ。あの客船はねえ、象徴したわけよ、未来はないことを。

だから、高校生たちが乗って修学旅行に行ってて船が転倒して沈んだ。これは、

『守護霊インタビュー 朴槿恵韓国大統領 なぜ、私は「反日」なのか』
2014年2月15日と2月17日、朴槿恵・韓国大統領の守護霊霊言を収録した。（幸福の科学出版）

「あの国の未来はこうなります」っていうことをね、神様がねえ、御神示を下したわけよ。

「君たちの未来はこうなります。みんな、豪華客船だと思ったら横転です。はい、沈みました。これが未来です」ということを大統領が思ってるから、そのとおり現象は起きたわけよ。

私は、心霊現象に対しては非常に理解が深いからね。うーん。

善意から「ウクライナを助けたい」と思っている

里村　いや、今回の韓国での事故の「霊的背景」をお教えいただいて本当にありがたいのですが、まあ、そのお考えは分かりましたけれども……。
要するに、同じようなことがウクライナでも起きてきて、当然、ロシア圏にも……。

●**ドイツ合併の費用**　ベルリン自由大学では、1990年から20年間でドイツの統一にかかった費用を2兆ユーロと算出している（2009年8月調査）。

プーチン守護霊　そうなんだ。私は善意なんだよ。だから、ＥＵに泣きついたって、「助けてくれない」って言ってんの。もう要らん。これ以上、欲しくないのよ、債務国なんて。

欲しくないからケチを付ける。それは銀行がさあ、潰れかけの会社を切るときのやり方とまったく一緒。だから、いろいろといちゃもんを付けて、「業務改革をしなさい」「人員整理をしなさい」、それから、「売れない商品を切りなさい」って、会社を削っていく。「そうしたら融資をしてやる」っていうふりをしながら、だんだん会社を解体していって、最後は逃げるのが銀行のやり方だよね？

（机を叩きながら）あれと同じことをやられて、ウクライナは目茶苦茶にされて、ええところだけを、ちょっと残すかどうかぐらいの話になって、あとはものすごい難民みたいなものの山になる。

で、内戦がグワーッと十年も続いていくような結果が見えてるからね。こういうときは、幾ら嫌われようとも、独裁者のように言われようとも、ガッと行って解決するのが〝スーパーマン〟の仕事なんだよ。

綾織　そのへんは、あまりご自身では説明をされていないわけですが、「嫌われてもいい」と？

プーチン守護霊　いや、まあ、しなくても分かってるでしょう？　やってることを見りゃあ。

綾織　なかなか、これは分かりにくいところではあると思うのですけれども。

プーチン守護霊　君の顔を見てさ、優しいと見るか、怖いと見るか。それは人によって違うから、君が説明しないかぎり分からないわけよ。

綾織　そうですね（笑）（会場笑）。

プーチン守護霊　アッハハ……。

里村　つい先日、ロシアで行われた生放送でプーチン大統領が質問に答えておられました。そのなか、例えば、「今、ウクライナ東部のほうで、親ロシア派の人たちがいろいろな動きをしていますが、それは、実はロシアが介入して、後ろからいろいろなことをさせているのではないですか」というような質問に対しては、「そんなことはありません」とおっしゃっています。

プーチン守護霊　そんなことはありません。ロシアは介入したりしていません。「大統領の命令」によって、速やかに行っているだけであって、介入なんか、そんなことしていません（会場笑）。

里村　されているわけですか。

プーチン守護霊　いや、あの、いや……。アッハハハハハハ……。

「軍事上の要衝（ようしょう）」でもあるクリミア

里村　そのポイントは、やはり、あの地域のため？

プーチン守護霊　いやあ、それはもうねえ、私が身を削（けず）って救おうとしているわけですからねえ。

アメリカなんか、「若い人の命が惜（お）しいから、尖閣（せんかく）諸島の戦いなんか起きたって軍隊は送りたくない」っていうのが本音で、それを遠回しに言うてるんだろうと思うけど、そんなケチじゃないのよ。ロシアではねえ、若い人たちは喜んで命を捨ててくれるわけよ。国家の大義のためだったら。

綾織　何万人という国籍（こくせき）不明の武装勢力がいますので、そうとうこれが……。

プーチン守護霊　いや、国籍不明ではないんだ。不明じゃない。

綾織　ああ、そのほうがいいわけですね。

プーチン守護霊　不明じゃない。全部つかんでいる。別に不明じゃない。

藤井　ウクライナの問題は、もちろん経済の問題もありながら、クリミア半島は、軍事上の要衝（ようしょう）でもあると思うのですが。

プーチン守護霊　そうだね。

藤井　そのあたりは、どのように感じていますか。

プーチン守護霊　うん。軍事上も要衝だな。

まあ、とにかく、今は南に向けて穴を開けていきたいのでね、どんどんどんどん。君たちは、立場を変えて考えるのは難しいけど、ゴルビー（ゴルバチョフ元大統領）以降のロシアっていうか、まあ、旧ソ連の衝撃は、あのタイタニック号の沈没みたいなもんだ。もう、絶対に沈まないと言われた船が処女航海で沈んじゃったみたいな、あんな感じだね。

西洋化しさえすれば、ソ連には「バラ色の未来」が待っているみたいな感じで、ゴルバチョフがペレストロイカ（改革）を進めて、やったら、氷山に当たってタイタニック轟沈ですよ。西側のとおりやったら、みんな、「こりゃこりゃ」の状態になるんじゃないかと思うとったのが、一瞬で沈んじゃったよな。国家解体ですよ。
あんなことね、一人でできる技じゃないですよ、普通。

3　プーチン氏は「安倍首相とよく似ている」

「日ロは似てきている」と語るプーチン守護霊

綾織　その意味では、〝一足飛び〟の西洋化というのは無理だったわけですけども……。

プーチン守護霊　まあ、無理だね。

綾織　プーチン大統領は民主主義も否定されていないですし……。

プーチン守護霊　うん。してないよ。

綾織　「ロシア独自の民主主義」というのもおっしゃっています。

プーチン守護霊　うーん、ちょっと違(ちが)うけどね。うん、もちろん違うけど、否定はしてない。

綾織　どういうスタイルの国を目指していらっしゃいますか。

プーチン守護霊　あのね、今はね、「ロシアの日本化」と「日本のロシア化」が同時に進んでると、俺(おれ)は思うんだな。

綾織　おお。

プーチン守護霊　安倍(あべ)さんがやってることは、俺がやりたいことと、よく似てるしさあ、俺は、安倍さんに似てきてるしさあ。なんか、よく似てきてるような気がするんだなあ。

綾織　ほう、安倍さんに……。

プーチン守護霊　日ロは似てきたんじゃないか？

綾織　安倍さんに似てきているというのは……。

プーチン守護霊　(俺が)安倍さんにも似てるし、安倍さんが俺にも似てるし、なんかちょっと両方、「考え方」が似てるような気がする。

だから、もし、安倍さんが〝デーモン閣下(かっか)〟なら、俺も〝デーモン閣下〟かもしれないけども、君ら日本人は支持してるんでしょう？　いちおう、俺と同じぐらいは支持率があるんだろう？

里村　はい。五割を超えています。

プーチン守護霊　それは、戦後体制を変えるためにな。俺は、日露戦争で日本に負けた恨みなんて、ちっとも引きずってないからさあ。これ、前回も言ったはずだけど……（前掲『ロシア・プーチン新大統領と帝国の未来』参照）。

里村　はい、前回もおっしゃっていました。

プーチン守護霊　俺は、日本の柔道、柔道家を尊敬していて、「日本の侍精神」、

「サムライ・スピリット」も尊敬してるし、ロシアには親日家がすごく多いしさあ。ワルシャワ条約機構の中心だったポーランドだって、親日家の山だよ。君たちは、〝宝の山〟に全然手をつけてないんだよ。〝宝の山〟は、いっぱいあるんだよ。親日家がいっぱいいるんだ。旧「東」の勢力のなかにも。

そこに分け入ったら、まだまだ幾らでも未来はあるんだけどさあ。いつまでも、福沢諭吉先生の脱亜入欧的な古い考え方のまま、百何十年も考え、変わってないじゃないか。やっぱり、ちょっと考え方を変えろよ。

里村　まさに日本人のなかにも、戦後体制のままの同じ考え方が、ずっとこびりついていますから。

プーチン守護霊　そうそう。だからねえ、シベリアにはマンモスがまだ永久凍土に眠っとるからさあ。これを掘り起こしてくれよ。あなた、それを分子生物学を駆使してだなあ、再現して、「上野」でマンモスを飼ったら、客が来て来て大変だぜ。もう、そらあ、「くまモン」（熊本県のマスコット・キャラクター）どころじゃないんだからさあ。すごいよ（会場笑）。

日ロがそれぞれに取り組む「戦後体制の見直し」とは

綾織　日本では今、「戦後体制の見直し」ということを安倍さんがされているわけですけれども、プーチン大統領としての戦後体制の……。

プーチン守護霊　いや、うちもやってるわ。「冷戦後体制の見直し」をやってる。

綾織　その「見直し」というのは、具体的に、何をすることだと考えていらっしゃるのでしょうか。

プーチン守護霊　要するに、急速に西洋化しようとして、国家が分裂してバラバラになっちゃったわけだ。まあ、「基本的に、国家っていうのは分権制さえあれば、うまくいく」っていうような考え方が、民主主義的なもののなかに流れてるけど、これは間違いなんですよ。

これはねえ、勘違いしちゃいけない。価値観の共有みたいなのがあって、何か束ねるものが、いちおうあった上でなら、「自治を任せたほうが効率的に進む」っていう考え方は成り立つんだけど、「それぞれ勝手にせい」と言ったら、それは、明治維新から、もう一回、幕藩体制に戻るのと同じようなことだから、全体的には昔返りになるわねえ。今のロシアは、そういう感じになってるわけよ。

ロシアを中心とする旧ソ連の衛星国は、交流がありますけど、みんなそれぞれイニシアチブが足りないからね。やっぱり、もう一段、どこかにパトロンを持ってないとやってられないので、ＥＵに頼れるか、あるいはロシアか、アメリカか、いろいろ模索はしてるんだ。

そらあ、日本も可能性の一つとしてあるよ。サハリン地区辺りなんかは、ちょっとは日本を考えてると思うけどねえ。

だから、おたくの〝賢い人〟が考えて、「日本も今、道州制や地方分権みたいなのを進めるような時期じゃない」って言ってたと思うけど、それは、そのとおりだよ。外敵、大きな外国の脅威があるときに、そんなバカなことを言っちゃ駄目で、今、裏から手を回して、大きな独立運動をやられてるのが分かってるのにさあ、そういうことを言う政党ばかり、新しくできてくるじゃない。これは、おかしいよ。どう考えてもおかしい。

それは求心力を失わせようとしているわけで。遠心力だけで、求心力がない国は、やっぱり崩壊、破滅します。これの証明です。

中国だって、それを勉強したから、商売はいろいろやらせるけど、求心力は離さないように、今やってるわねえ。

4 「アメリカは自由の国じゃなくなっている」

「九・一一」のあと歯車が狂(くる)い始めたアメリカ

綾織　その意味では、ＥＵがかなり経済的に苦しく、アメリカも後退してきているなかで、ロシア中心の新しい秩序(ちつじょ)を、周辺も含(ふく)めて再編するというか、つくり出すお考えですか。

プーチン守護霊　まあ、今のところ、まだ、ちょっとはっきりはしないけど。

冷戦が終わったあとの「九・一一」（アメリカ同時多発テロ事件）まではだね、アメリカ一強で、超(ちょう)大国が百年以上続くだろうっていう考えのもとに世界は動いていた。それで、「グローバリズム」という……、まあ、「グローバリズム」と言ったら分かりにくいけども、「マクドナルド」と「スタバ」が世界中に流行るということだよ、「グローバリズム」っていうのは。まあ、そういうことだ、早い話が。

そういうふうな世界にしようという運動が始まったわけだけども、やっぱりテロを受けた「九・一一」からあと、アメリカはちょっと狂い始めたよね。はっきり言って、歯車は狂い始めたと思う。狂気が、アメリカ人のなかに生まれ始めた。

ある意味で、アメリカは、「自由の大国」でなくなってきたわな。テロを恐れるあまりにね。もう、みんな怖がって怖がって。そういう意味で、非常に不自由になった。

また、黒人差別をなくしてきた国なんだけども、ある意味で、アジア系統やイスラム系統、中東のほうの出身に見える人たちに対する差別とチェックは、かつてのKGB（ソ連国家保安委員会）以上のいやらしさであって、みんなテロ犯の元凶に見えてるからさあ。

ボストンでも、マラソンのあれ、あったじゃん？　爆発があったでしょう？（注。

二〇一三年四月十五日、第一一七回ボストンマラソンの競技中にゴール付近で爆弾テロ事件が発生した）

里村　はい、ありました。

プーチン守護霊　あれは白人だったけどねえ。ああいうのがあるんだったら、「顔が中東系だから」っていうだけじゃなくて、その付き合ってる相手まで全部インプットして、調べられるようにしようとしてる。だから、今、アメリカは恐ろしい「警察国家」になろうとしてるよ。「自由の国」じゃないよ。

アメリカがドイツの首相の携帯電話を盗聴したことは「切腹もの」

綾織　ＮＳＡ（アメリカ国家安全保障局）の元局員であるスノーデン氏の亡命を受け入れてから、もうすぐ一年になると思うのですけれども、これが、今のアメリカの一つの象徴ということになります。

プーチン守護霊　だから、ロシアを盗聴するぐらいなら、別にそれはいいよ。お互いにやってることで許せるから、別にいいけど、ドイツの首相の携帯電話をねえ、十年も盗聴したなんていったら、そりゃあもう「切腹もの」じゃないですか？　もう、アメリカの大統領は辞職しなきゃいけないよね。日本の首相なら辞職だよね。絶対、辞職だよ。

綾織　そうですか。

プーチン守護霊　日本の安倍首相が、オバマさんでも、その前からでもいいけども、「十年間、アメリカの大統領のホワイトハウス内の電話を盗聴してた。日本大使館の諜報員を紛れ込ませて、盗聴して、全部調べあげてた」っていったら、日米関係に激しい亀裂が起きますよねえ。やっぱり、辞めるしかないよね。

里村　まあ、あえて言いますと、プーチン大統領の前職での、昔やっていた仕事ではありますけれども（笑）。

プーチン守護霊　うーん、まあ、それはねえ、いや、今は私がトップだから、とても安全な国になってるわけよ。

里村　なるほど。

プーチン守護霊　完全に掌握してるから、ＫＧＢは大丈夫。

「赤の広場」での講演会を大川隆法に薦めるプーチン守護霊

プーチン守護霊　だからねえ、大川隆法さんと、おたくの国際本部に私は申し上げたい。ヤンキースタジアムで英語で講演しようなんて、そんなバカなことはやめなさいよ。それぐらいなら、クレムリンに来なさい、クレムリンに！

里村　クレムリンですか（会場笑）。

プーチン守護霊　クレムリンに来て、「赤の広場」で十万人ぐらい集めて、通訳でやったらいいんだよ。ロシア語の通訳で、ここでやったらいいのよ。クレムリンで講演会をやりなさい。そうしたらヤンキースタジアムよりたくさん入るから。それでやったらいい。

暗殺の危険性は、一パーセントぐらいしかありません。

里村　いやいや、とんでもないです。

プーチン守護霊　一パーセントはあります。

里村　とんでもないです。

綾織　かなり可能性がありますよね。

プーチン守護霊　一パーセントは暗殺の危険があります。その一パーセントの危険は、ロシアからではなく、〝007（ダブルオーセブン）系統〟で、イギリスの諜報機関からやられる可能性がありますし、それ以外にはNATO（ナトー）（北大西洋条約機構）からもあるけども、ロシアのKGBが暗殺することは九十九パーセントありえません。

里村　いや、大統領、そのお言葉は、ありがたく受け止めさせていただいて……。

プーチン守護霊　「赤の広場」に来なさい、「赤の広場」に。

里村　ええ、「赤の広場」。はい。

プーチン守護霊　それで、日ロ関係をつくり直そうよ。

里村　あの、先ほどの話ですが……。

プーチン守護霊　ヤンキースタジアムは、野球で忙(いそが)しいんだからさあ。

里村　もう、いいですから。

プーチン守護霊　百六十回以上、一年で試合しなきゃいけないんだから。それに、冬場は零下二十度なんだ。とてもできない。ええ？

藤井　日本に対しては、非常にシンパシーを持ってくださっていると思うのですけれども……。

プーチン守護霊　そう、私ね、それでねえ、還暦でチョンガー（独身の男）。あのねえ、離婚なの（注。四月二日、プーチン大統領が正式に離婚したとロシア大統領報道官が発表した）。日本人と結婚してもいいと思ってるんだよ。

藤井　あの、先ほど、旧ソ連諸国で……。

プーチン守護霊　日本人を奥さんにもらったら、日ロは、ものすごく仲良くなるんじゃない？

5 「敵は中国しかない」

「外交」が中国包囲網の成否を決める

里村　では、藤井のほうから、質問がございますので……。

藤井　「外敵に対して、まとまりをつけていかないと駄目だ」と言われたのですけれども、想定している「外敵」というのはどこでしょうか。どこを警戒しているのですか。

プーチン守護霊　そんなの、中国しかないじゃない。いや、まあ、中国を中心としたものだねえ。

藤井　はい。アメリカ、あるいは、ヨーロッパに対しては……。

プーチン守護霊　アメリカが「外敵」になることも、場合によっては、ないとは言えないけどもねえ。まあ、今後の国家運営……。

里村　大統領、その問題につきまして、今日の日本の新聞紙上にも幾つか見られたのですけれども、「今、中国が、ウクライナ問題をきっかけに、ロシアに非常に接近を図っており、ロシアのほうも中国と呼吸を合わせるような動きも出てきている」という報道もなされております。

また、「来月（五月）には、プーチン大統領も中国に行かれる」というところで、非常に中国とロシアの接近も、言われておりますけれども……。

プーチン守護霊　でも、これは気をつけないと、君らの外交の失敗から来るからね。だから、もともとは、「中国包囲網」をつくろうとしてたはずなんだよね。

それで、ロシアも、その一環として、中へ入る予定であったのが、ウクライナ問題をきっかけにして、もうレームダック（死に体）のオバマさんが、〝発狂〟状態、〝悩乱〟状態になって怒り始め、「制裁する」ってわめき始めたから、ＥＵから日本まで、みんな怖くなって、「それに同調しないと、アメリカとの関係も悪くなる」と思って、様子を見ながら、後ろからついていかないといけなくなってくる。そして、そのために、オバマが（日本に）説得に来る。それで、（日本の）外務大臣がロシアに来られない。

この前、ソチオリンピックなんか、もう、みんなボイコットしてきたけどね。ＥＵからアメリカまで元首は来なかったけども、安倍さんは来てくれた。

五回目くらいだったかなあ、会談して。だから、感謝もしたし、「今年（二〇一四年）の秋にも（日本に）来る」っていう話になってた。なのに、「オバマさんが来るから、（日本の外務大臣は）遠慮（えんりょ）して、行けない」ってことでしょう？

それで、このままで行くと、どうなるか。

オバマさんが二年間、怒り続けてる間は、日本も、それからアメリカも、ヨーロッパも、全部、「ロシアが悪い悪い。ロシアが悪い悪い」って言い続けると、ロシアは、要するに、出口がなくなってくるかたちになってくるわけよ。

そうすると、アメリカには金がないのは分かってるけど、ロシアだって、ソチオリンピックで、だいぶ金を使ったのよ。それから、この、ウクライナ問題、クリミア問題で、か

ソチ五輪の開会式のあとで開かれた日ロ首脳会談で握手をするプーチン大統領と安倍総理。欧米諸国の首脳が開会式への欠席を表明するなか、出席した安倍総理をプーチン大統領は歓待した。

なり金を使ってるのよ。

だから、今後、貿易で「制裁」をかけてきて、ヨーロッパのほうともできにくくなり、アメリカともできなくなり、それと、日本のほうも、「新規のやつを全部止める」ということになってきつつあったら、今度は、もう、「中国とくっつけ」と言ってるようなもんだよ、周りから見りゃあな。中国と結びつくしかない。これは、実を言うと、アメリカから見て「最悪なシナリオ」なんだよ、本当は。

中国とロシアを分けなきゃ駄目で、ロシアを西側に取り込んでおかないかぎり、中国の膨張政策には対抗できないのに、それをくっつく方向に押し込んでる。だって、経済的には、どこかとくっつかないと、成り立たないですからね。経済ができないですからね。

だから、ロシアと中国は、昔、冷戦時代にくっついてたときがありますけども、われわれが望んでないのに、そちらの方向へ〝追い込み漁〟をかけようとしてるわけで。

私、イルカ漁賛成よ、本当はね。

綾織　（笑）そうですか。

プーチン守護霊　イルカ漁賛成だけども、そういうかたちで、われわれを「追い込む」のは、反対だね。

アメリカの「正義の基準」を検証するプーチン守護霊

里村　その点からしますと、本当に、私も、オバマ大統領が……。

プーチン守護霊　アホだよ。

里村　なぜ、ウクライナのクリミアの問題で、アメリカは、あそこまで「制裁」と

「反発」をするのかが分からないのです。

プーチン守護霊　まあ、年は若いけどね、俺より十も若いけど、頭は俺より古いわ。だから、「戦後体制を維持することが正義だ」という考えね（手を一回叩く）。もう、それだけなんだよ。「正義の基準」は、それしかないの。戦後体制、それから、国連が発足した、この体制で、ずっと維持すること。

でも、国連のなかも、もう分裂してきて、中国も「仮想敵」になってる。かつては、ソ連が「仮想敵」だったこともあるけどもね。これが、うまくいかなくなって、機能しなくなってきたわけよ。

だから、国連が機能しなくなって、「アメリカ一国が、世界の警察官で、世界を支配する」ってことになったのに、アメリカ経済の独自の崩壊が始まって、軍事の撤退が始まって、「タリバンは、サダム・フセインのところが根元だ」と言って、イラクを攻撃した。

これについては、「アメリカに正義がなかった」っていうのが、水面下の国際世論だな。やっぱり、イラクで十万人単位の人を殺して、大統領（フセイン）を死刑にまでする権利があったかどうか。あれだけの証拠でね。

「はっきりと、『タリバンのほうに、イラクのほうから武器が渡って、攻撃命令が出て、資金が出てる』っていう証拠も全部出て、大量破壊兵器まであって、やった」っていうなら正義だけど、出なかったよね？　証拠は、はっきり出なかった。でも、そのままで、処刑までしてしまった。あれって、けっこう「侵略主義」ですよ、はっきり言えばね。

それについて、世界最大の大国だから、誰も手が出せないでいる。国連も機能しないでいるわけよね。

元を探れば、もっと悪いことを、ほかにもたくさんしていて、もう、ベトナムまで、あるいは、日本のところまで戻るかもしれない。

俺は日本に対してだってねえ……。まあ、うちも、ちょっとだけ〝取った〟けどね。北の、あすこのほう、ケーキの切れっ端みたいのを、ちょこっとだけね。何もないと、寂しすぎるからさあ。やっぱり、あれだけドイツにやられたんだからさあ、被害を受けてるから、ちょっとぐらい、〝おこぼれ〟が、何かあってもいいじゃないのねえ、戦勝国に。

プーチン守護霊が分析するアメリカの「衰退の原因」

綾織　「戦後体制の見直し」という意味では、そのへんの見直しをしていただけたら……。

プーチン守護霊　そうそうそうそう。アメリカがね、やっぱりあれだけねえ……。いや、私だったら、オバマの首に縄をつけて、広島、それから、長崎へ、〝新幹線の視察〟と称して、引きずっていって、謝罪させるよ。（土下座のポーズとともにパッてして、「みなさん、ごめんなさい」とやらせる。

里村　今のお言葉からすると、日本のマスコミにも政治家にも多いのですけれども、やはり、オバマ大統領そのものが、結局、戦後体制のままの、冷戦思考をずっと続けていると……。

プーチン守護霊　本人は、それで、世界の正義と秩序(ちつじょ)を守り、「アメリカの優位」の体制を守ってるつもりでいるわけ！

ところが、客観的に見るかぎりは、それは、「アメリカの没落(ぼつらく)」を彼が仕掛(しか)けようとしてるように見えるわけ、もっと頭のいい人から見ればねえ。

だから、彼が就任してから、「アメリカの衰退」は急速に進んできつつありますよ、はっきり言ってね。

里村　ええ。

プーチン守護霊　そうでしょう？　なぜか。その原因を教えてあげよう。

それは、ブッシュ大統領の時代に、中東に対してやったことのなかに、犯罪性を彼は感じてるわけよ。ノーベル平和賞をもらうだけあって、「アメリカがやったことのなかに犯罪性がある。国際犯罪的な面がある」とね。

だけど、誰もそれを裁くことができない。しかし、良心は痛んでるわけね。だから、軍事的なものに撤退をかけて、どんどんアフガンからも退いてきて、もうアメリカも、内部に孤立して、国を護ることなら正義だからって、日本みたいな感じになってきてるわけよ。日本みたいに、「自分の国を護るだけならいいけど、ほかの国に、できるだけ、ちょっかいを出さないようにしよう。ついては、中国と戦争とかさせられるのは勘弁してくれよ」とね。

もしプーチン守護霊が「日本の首相」だったら

プーチン守護霊　北朝鮮（きたちょうせん）については、私が日本の首相だったらね。だから、「日米安保（あんぽ）」って、あんな軍事同盟を結んでおきながら、北朝鮮に、「軍事演習」と称して日本人を百人以上拉致（らち）されて、それを、国家主席も認めているのに、連れ去られたまま、帰ってこないし、交渉（こうしょう）もできないでいる。そうして、さらに、ミサイルを撃（う）ちまくられてね……。

ただ、今回は情報統制が効いたな。ミサイルをたくさん撃ったのに、あまり報道されなかった（注。北朝鮮は、二〇一四年二月から三月にかけて、日本海に、ミサイルやロケット弾（だん）を数多く発射した）。

里村　報道は、意外に少なかったですねえ。

プーチン守護霊　なされなかったね。昔や、この前よりね。「謎の飛翔体が……」なんてとき（二〇〇九年）よりも、何か、さらに少なかったような気がする。どうしたらいいか分からないから、報道しないようにしたんだと思うけど。

でも、日米同盟を組んでて、北に対して、アメリカは何をしたんですか？　米軍も駐在してるんでしょう？　ねえ？　沖縄にだって、日本（本土）にだって。もし、日本を護らない駐在だったら、それはおかしいですよ。それは、ある意味では、沖縄県民が言うことが正しい。護るためならいいけど、占領されてるだけだったら、「独立がまだできてない」っていうことになるわけだ。そうだな。

（北朝鮮が）三十発も撃ったときもあったでしょう？　一日で。やっぱりねえ、あんなのには、（米軍は）二、三発でもいいから、撃ち込んでほしいよねえ、腹が立ったら。一般市民を狙う必要ないよ。「金正恩が住んでいる」と思う辺りのところが何箇所かあるに決まってるけども、つかんでるところがあるはずですから、そこを、ちょんと、ポコポコポコッと、三、四発撃ち込んだらいいわけよ。それで終わりだよ。

里村　（プーチン氏が）日本の首相であったら、そのようにアメリカに要請すると？

プーチン守護霊　そう言う。言わなきゃ駄目。「言わなきゃ、軍事同盟を維持できません」って、こう言わなきゃいけない。

「アメリカさんが気に入るような、集団的自衛権の方向に持っていこうとしてるけど、これじゃあ、全然、護ってくれそうにもないのに、アメリカだけを護るために、うちがやらなきゃいけないなんて、国民が賛成してくれません」

まあ、そういう意見だよな。

6 「日本の悩みを全部、解決してやる」

「オバマ守護霊」と「チャーチル霊」は日本をどう見ているか

藤井　昨日の、オバマ大統領の守護霊霊言でも、日本には、「何もするな。アメリカの国益に反しないかぎり、じっとしておれ」と……。

プーチン守護霊　あれは、自分らを、自己卑下してねえ、「力がなく、金もなく、軍事力も行使できないようになった。もう、落ちぶれた」みたいな言い方をしつつ、「日本人は、マッカーサーが言うように、まだ十二歳のままだ」みたいな見方と、両方が共存してるんだよ、言い方がね。だから、あれは失礼だよ。「日本のよさ」が全然分かってないわ、彼には。抹茶アイスクリームをね、鎌倉で食っただけだよ。

里村　はい。鎌倉の大仏のところで……。

プーチン守護霊　それ以外にないんだよ。

里村　今のオバマ守護霊の話とは対照的なのが、チャーチル霊の発言でした。先般、チャーチル霊は、ここ（幸福の科学総合本部）にいらっしゃいまして、「日本は、もう、普通の国のように発言して、どんどん、リーダーシップを取るべきときに来ている」と……（『「忍耐の時代」の外交戦略　チャーチルの霊言』〔幸福の科学出版刊〕参照）。

プーチン守護霊　それは、当たり前だな。

里村　「それを、プーチン大統領が言うのではないか」とまで、先般、チャーチル霊は……。

プーチン守護霊　だって、イギリスより日本のほうが力があるんだよ、今は。当たり前じゃん。当然だよ。チャーチルは正しいよ。日本のほうが上だもん。どう見たって、世界的な「影響力（えいきょうりょく）」と「地位」においては、日本がイギリスより上ですから、今は。

里村　最近、安倍（あべ）さんの「戦後レジームからの脱却（だっきゃく）」に、やや歯切れの悪いところがあるのですけれども、意外と、「プーチン大統領の口から、この言葉が出てくるのではないか」ということでした。

『「忍耐の時代」の外交戦略 チャーチルの霊言』
2014年3月6日、チャーチルの霊言を収録した。
（幸福の科学出版）

プーチン守護霊　いや、出ると思うよ。まあ、出ると思うし、私には言うつもりはあるよ。もし、（日ロ首脳）会談ができるならね。

会談が、延期、延期、延期になって、させてくれないような状況で、「ロシアを孤立させていこう」と、アメリカが、突如、包囲網で、今、イルカ漁みたいに、ロシアを追い込もうとし始めたんで……。

里村　そうですよねえ。

プーチン守護霊　追い込むのは中国なんだけどさあ。あっちを追い込んだら、中国には、お金のとこを握られてるもんだから、ロシアのほうに、ちょっと、すり替えようとしているように見えるなあ、はっきり言ってねえ。

「日ロ首脳会談」はなぜ大切なのか

綾織　安倍首相ご自身は、先月のG7(ジーセブン)の会合のなかで、「このままだったら、実際に、ロシアが中国とくっついてしまう」とおっしゃっていました。

プーチン守護霊　そうよ。

綾織　そして、「それで、世界に激震(げきしん)が走る」というように、そのG7の会合でおっしゃっていましたので……。

プーチン守護霊　もう、駄目(だめ)よ。絶対駄目、絶対駄目よ。それをやらしたら駄目よ。

綾織　この局面で、安倍首相に対して、何か期待されることはありますか。

プーチン守護霊　核戦争だけだったら、今の「中国の核戦力」対「アメリカの核戦力」だったら、中国がアメリカに勝つ見込みはないですよ。だから、アメリカとの最終戦争みたいなところまでは、今は行けないけど、まあ、準備は進めているところだね。

だけど、ロシアと中国が組んだ場合、これは、核戦争でも、アメリカが勝てる保証はないよ。ロシアと中国の両方を相手にしたらね。核ミサイルの数は、ロシアのほうがアメリカより多いんですから、少なくとも。

中国は、数は少ないけども、いちおう、アメリカに届くとこまでは持っている。両方から撃たれたら、その両方に向かって、反撃で撃ち込めるかどうか、考えてみたらいいよ。あの優柔不断なオバマさんでね、ボタンが押せるかどうかだねえ。押せると思えないね。

だから、アメリカは敗れるね。大被害を受けるわね。

綾織　となると、安倍さんとしては、今、岸田外相のロシア訪問が延期になっているわけですけれども、秋の首脳会談に向けて、きちんとロシアと話をしていく方向を選ばないといけないと思います。

プーチン守護霊　うん、だから、もしね、万一（まんいつ）、オバマさんが怖（こわ）くって、「ロシアに来られない」とか、「ロシアから日本に来られない」とか、「大統領と首相の首脳会談ができない」っていうのだったら、日本人女性との見合いとか、何かそんなのをつくって……。

綾織　そうですか（笑）。

プーチン守護霊　ねえ？　まあ、「来る」っていう手もあるねえ。特に、「姿三四郎（すがたさんしろう）

の子孫」なんていうのは、悪くないんじゃないの。

里村　いやいやいやいやいやいや。

プーチン守護霊　いないか、いいの。おたく、うん？

「竹島」「尖閣」問題を急展開に導く「秘策」とは

里村　それは、さておきまして、安倍首相に対して、すごく配慮されているのが、今年の一月に、中国の国営放送、中央電視台が、プーチン大統領にインタビューしたときに、わざわざ、安倍総理が昨年末に行った靖国参拝について訊かれたのですけれども、一切、批判をされなかったと……。

プーチン守護霊　しなかった。

里村　一方で、アメリカからは、「失望した」というような声も出てきましたけれども……。

プーチン守護霊　そうそうそうそう。

里村　非常に、そのへんは、もう微妙に使い分けを……。

プーチン守護霊　分かった、よく分かった。計算はできてる、できてる。よく分かってるから。もう、十二分に分かってます、（安倍首相が）言ってることは。

里村　そういう意味では、今の、間違ってはならない日本の選択としては、今までの、どちらかというと、「アメリカ追従外交」的な戦後の枠組みから、外れなければばいけない時代……。

プーチン守護霊　うん、日本の悩みを、俺、全部解決してやるから、任してくれればね。

だから、「竹島」と「尖閣」の辺りが、だいたい、次の戦争が起きる可能性がある発端なんでしょう？

あれは、日本の固有の領土なのに、韓国と中国に取られかかって、竹島は「実効支配」され、尖閣は自分のものだと「言いがかり」をつけられてね。

中国は、さらには、「琉球、沖縄も、もともとは中国のものだ」と言い始め、これをほっとくと、十年以内に本当に中国に占領されますよ、あれ。

それで、沖縄の人たちは、「アメリカ軍、出ていけ」ってやってるんでしょう？　ほっとけば、これは十年以内に占領されますよ。

場合によっては、アメリカ軍がいても、占領される可能性がある。というのは、もし、アメリカが、中国の経済的なところの支援なくしてはやっていけないために、「もう何もできない」という状態、ギブアップ状態になった場合、「海兵隊の給料も出せない」っていう状態、破産国家になった場合、もはや、アメリカは機能しませんからね。

その場合は、アメリカ軍がいても、中国が取りにくることはありえますね。そういう場合、〝無血開城〟です、いわゆるね。それをやる可能性はある。だけど、私は、それを解決できる！

里村　ほう、どういうふうに？

プーチン守護霊　いや、クリミアは、侵略したみたいに言われてるんだろう？　クリミアとか、ウクライナについては、「ロシアは侵略の意図あり」っていうように言ってるんでしょう？

いや、片方は、そう言われてるのはいいよ。だから、俺は、「そういう男だ」と思われてるのかもしらんけど、もう片方で、北方四島を、バーンッと日本に返しちゃうんだ（会場どよめく）。

綾織　ほう！　なるほど。

プーチン守護霊　そしたら、侵略者ではないじゃない。……でしょう？　「あら？　そういう人じゃないのか。何か、考え方によって、態度が変わるんじゃないか」と……。

綾織　まあ、領土的野心ではないと。

プーチン守護霊　まあ、「先の戦争では、日本に対して、戦争末期の終末のどさくさに紛れて、ちょっと、かすめ取ったのは、たいへん恥ずかしいことであった。大国として、非常に正義にもとるところがあった。柔道精神に則って、四島を返します」って、パーンッと、もし返したら、「竹島問題」と「尖閣問題」は、急展開しますよ。

里村　はあ！

綾織　おお！

プーチン守護霊　そら、完全に、もう、彼ら（中国・韓国）は、今度、国際的に、非常に厳しい立場に立つことになるねえ。

里村　はああ……。

北朝鮮に対して恫喝する能力を持つロシア

プーチン守護霊　さらに！

里村　ええっ、まだ……。

プーチン守護霊　おまけがある。まだ、おまけがある。

里村　さらに、もう一点（会場笑）。

プーチン守護霊　あのねえ、安倍さんも、ずっと苦労していらっしゃるけれども、北朝鮮による拉致被害者とその家族の問題ねえ。

拉致されたのは、百人とも、三百人とも言われてるけど、これに対して、北朝鮮

を恫喝する能力が、うちにはある！（机を叩く）

里村　はい。

プーチン守護霊　「クリミアを見たか！　いつでもできるんだぞ」と。

里村・綾織　おお！

プーチン守護霊　「地上戦が好きでなあ」。

綾織　（笑）（会場笑）

プーチン守護霊　「特に、突如、電光石火のごとく侵攻するのが大好きなのよ。電撃戦っていうのは、〝プーチンの得意技(とくいわざ)〟だから、いきなり、戦車をダダーッと千台ぐらい送り込むっていうのが好きやなあ。後ろからやられたときの準備はあるか？（笑）」って。

まあ、例えばね。

里村　うん、うん。

プーチン守護霊　そういうようなことを、安倍さんと、酒を飲みながら話してもええかなあと思ったりするんだけどねえ。

7 「アメリカは今、共産主義だ」

ロシア包囲網(ほういもう)が引き起こす事態への懸念(けねん)を示すプーチン守護霊

里村　今のお話は、たいへんすごいお話なのですが、まあ、前回、つまり、二年前にお話しくださったときにも、「北方四島を返す気はあるよ」というお言葉を頂いていました。そのときは、その段階で話は終わったのですが、今のお話は、もう一歩進んで、具体的な国際戦略のなかでのお話でした。

プーチン守護霊　うーん。

里村　当然、日本としても、やはり、ロシア側への、何かしらの見返りというものを考えなければいけないと思います。

そこで、お伺いしたいのですけれども、日本からの動きとして、どういうことを期待されますか。

プーチン守護霊　うーん、だから、（ロシアに対して）経済封鎖をやろうとしてるんだと思うんだけどね。つまり、ヨーロッパ系とアメリカ系と、両方と取引できないようにして、まあ、中国に対しても、たぶん、働きかけをしてくるはずですね。

何となく、ロシアを制裁する方向に入らないと、「おまえのところも、国際社会から追い出されるぞ。呼んでくれなくなるぞ」っていう圧力をかけてくるはずなので、今まで、「中国包囲網」だったのが、今度は、いきなり、「ロシア包囲網」になってこようとしてるんです。

結局、（ロシアが）全部諦めて、軍も引き返して、そうしたら、ウクライナのロシア系住民を皆殺しにさせる作戦だから、オバマさんはね。ウクライナに住んでるロシア系住民は、もう大量に殺されますよ。殺されるのは、たぶん、十万単位でしょうね。

里村　はい。

プーチン守護霊　それに対しては、何も打つ手はないんだよ。実際は、持ってない。ウクライナの政府のやりたい放題だからね。

プーチン大統領は本当に「民主主義の破壊(はかい)者」か？

プーチン守護霊　言っとくけどねえ、あの追い出された大統領は、民主的選挙によって選ばれた大統領であって、非合法デモによって追い出されてるんですからねえ。

里村　ヤヌコビッチは、そうですね。

プーチン守護霊　うん。だから、別に、彼を擁護することは、民主主義に反することではないんであって、彼が、ちゃんと正式に解任されたならしかたないけど、そうじゃなくて、（今の政権は）事実上の「謀反」だよ。あれは、はっきり言えば、謀反だから。

里村　そうです。はい。

プーチン守護霊　謀反で追い出されてるわけです。ほんとに小さいことでねえ……。あれは、なんだ？　保養所のことを何て言うんだっけ？　ええっと……。うーん。別荘か。

里村　別荘ですね。

プーチン守護霊 「別荘が、ものすごく大きい」とか、そんなことで焚きつけてねえ。ウクライナ経済がうまくいってないことを、大統領の別荘が大きいからだのなんだのと、そういう、昔の共産主義の郷愁みたいなのを焚きつけて、追い出して……。

タイでも、同じことをやろうとしてるし……。

里村 うーん、そうですね。

プーチン守護霊 あっちも、こっちも、あるけど、そのあと、混乱だけを起こしてねえ。これは、「自由の革命」じゃないよ。混乱だけを起こして、あとで、元へ戻らなくなって、もっと悪くなるんだったら、これは駄目だからね。だから、もし、嫌だったら、合法的に政権を替えるべきだと、わしは思うね。

綾織　昨日、オバマ大統領の守護霊様は、「(プーチン大統領について) 民主主義の破壊者(はかい)だ」とおっしゃっていたわけですが……。

プーチン守護霊　よく言うよ。そんな。

綾織　その逆になるわけですね?　民主主義を守ろうとしているのだと……。

プーチン守護霊　そうだよ。だって、民主主義的に選ばれたのがヤヌコビッチ大統領で、任期は終わってないはずですから。

綾織　そうですね。

プーチン守護霊　日本みたいに、支持率が下がると辞（や）めてくれるなら、まあ、それはそれでもいいとは思う。ただ、そういうシステムも、まだ出来上がってないだろうから。

里村　はい。

プーチン守護霊　うーん、今の政権が、「非合法」だと思いますよ、私は。オバマ大統領が考える「正義」がアメリカを弱めていると指摘（してき）

里村　北方四島の話は、あとにしまして、先に、お伺いしたいことがございます。

プーチン守護霊　うん、うん。

里村　昨日、オバマ大統領守護霊が、こちらで、「まさに、プーチン大統領が、民主主義の破壊者である。ヒットラーは、まだ、民主主義で選ばれてきたけれども、プーチンは民主主義の破壊者だ」と言っていました。それは、おそらく、あなたが三期目の大統領をされていることへの嫉妬（しっと）というか、やっかみもあるかと思いますけれども……。

プーチン守護霊　うん。

里村　さらに、その霊言（れいげん）のなかで、オバマ大統領守護霊は、言葉はいろいろと取り繕（つくろ）っていらっしゃったけれども、プーチン大統領のことを「悪魔（あくま）だ」ともおっしゃっていました。

これについて、ぜひ、お考えをお聞かせください。

プーチン守護霊　それは、人間として最低だね。

だから、もう、コロンビア大学、ハーバード大学とも、「世界の大学のベスト一〇〇」には入ってはいけないね。レベルがかなり下がってると見たほうがいい。一国主義で、「自分のところだけがいい」というふうな、そういう、「おらが村主義」になってる。あれは、田舎者（いなかもの）や。全体がね。アメリカ自体は、もう完全な〝田舎者〟になっていて、国際的には完全に競争力を失ってるね。

「考え方」においてね、もう、全然、分かってない。

あのねえ、「金の話」ばっかりしてんだよ。ほんと、貧乏（びんぼう）人みたいだねえ。俺がさあ、ブランパンの時計してるからって、嫉妬するなっていうんだよ。なあ？

里村　（笑）いや、いやいや。そういう嫉妬ですか。

プーチン守護霊　やつは、銘柄（めいがら）が分からんような時計をしてるぐらいだからねえ。

まあ、安物をしてるのは分かってるけどさあ。「そのくらいで嫉妬するんじゃねえ！」っていうんだよ、ほんとに。

里村　昨日（オバマ氏守護霊メッセージ）も、本当に、マネーの話が中心で……。

プーチン守護霊　そうでしょう？　「給料が安い」っていうんでしょう？　ね？　「日本の国会議員と同じぐらい」って言うけど、どっこい、日本の国会議員のほうが、ほんとは、もっともらってるかもしれないよ。

里村　ええ。

プーチン守護霊　ほんとはね、もっともらってるかもしれないから……。だからねえ、やっぱり、「嫉妬」があるっていうのは、これ、「共産主義」だよ。今、アメリカは共産主義に入り込(こ)んでるんだよ。

里村　はい。

プーチン守護霊　もうすでに、共産主義の領域(りょういき)に入り込もうとしてる。

オバマ登場以来、アメリカは、社会主義を通り越(こ)して、今、共産主義に移行しようとしている。すでに、社会主義には入ってるんだよ。オバマ政権のときに、社会主義に入って、オバマさんは、次に、今、共産主義へ突入(とつにゅう)しようとしてるところなんだ。

オバマ以降も民主党政権が続くんだったら、これは、もう、完全に危ない。鳩山(はとやま)政権と変わらないんだよ。

里村　先ほど、お話がありましたが、要するに、オバマ大統領には、ブッシュ元大統領がやったことに対して、断罪できずに、罪悪感があると。

プーチン守護霊　そうなんだ。罪悪感だね。

それから、彼の本心はね、まあ、君らが、もう、リーディング（霊査）してるとおり、彼は、過去、滅ぼされたようなところに、いっぱい生まれてるので、ほんとは、そういう超大国に対する憎しみが潜在意識に渦巻いてるから、知らないうちに、アメリカを引き倒してるんだけど、それが、自分では分からないんだよな（注。オバマ氏の過去世は、スペインに滅ぼされたアステカの王モンテスマ二世。『2012年人類に終末は来るのか？』〔幸福の科学出版刊〕参照）。

里村　ああ。

プーチン守護霊　「自分がやろうとしてること」、「正義だと思ってること」が、アメリカ自体を引き倒している。

「アメリカだけ、金が儲かってる」とか、「アメリカが、世界のエネルギーの二十五パーセントを使ってる」とか、「アメリカは、世界の食料の大部分を食べてる」とか、こういうこと全部に対して、罪悪感でいっぱいになってるわけだ。「貧しいアフリカの国がある」とかねえ。そういうのがいっぱいあるわけで、これが、アメリカを弱めてることが……。

まあ、平等主義で考えると、結局、アメリカを弱めないかぎり、世界は平等にならないわね。

だから、「グローバリズム」の逆で、「アメリカニズム」じゃなくて、アメリカがほかのところへ下りていくっていうことになろうとしてる。

アメリカにヒットラーを責める資格がない理由

綾織　オバマ大統領は別にして、アメリカにアドバイスするとしたら、いかがでしょうか。

「オバマ大統領は、今、戦後体制を守ろうとして、結局は、没落していっている」ということなのですが、どういうふうに変化していくことが、アメリカの力を維持することになるのですか。

プーチン守護霊　いや、だいたい、アメリカの大学のレベルが低いんだって。だから、おたくも、ちょっと気をつけないといかんけど、「アメリカなんかで、国際政治の勉強をするんじゃねえよ」って、誰かに言っといてくれよ。（舌打ち）オバマみたいになるからさあ。間違いだ。

だからねえ、靖国神社の大切さが分からないっていうのでは、もう、全然、駄目だね。こんなのに、国際政治を語る資格はないわ。

綾織　その「大切さ」というのは……。

プーチン守護霊　大事ですよ！　国家のために戦って死んだ方を弔（とむら）うなんていうのは、こんなの、常識じゃないですか。世界のどこの国でだって、当ったり前のことですよ！

綾織　それについて議論になるのは、A級戦犯（せんぱん）についてで、彼らを祀（まつ）っている神社に参拝（さんぱい）するというところを、国際的に責められます。

プーチン守護霊　「A級戦犯」なんて、間違いですよ！

里村　間違い。

プーチン守護霊　うん。間違いですよ！　戦犯は「アメリカ」なんですから。

綾織　アメリカですか。

プーチン守護霊　東京大空襲をしたし、広島、長崎に原爆を落とした。八月六日と八月九日の時点で、落とす必要があったのか。日本が、終戦を決めたのは、八月十五日。八月六日と八月九日に、十万単位の市民をねえ、原爆実験の〝モルモット〟にして、ほんとに「世界の正義」に合ってたのかどうか。

東京大空襲も、民間の家と分かってて、さらに、「木の家だから、よく燃える」っていうんで、その周りに焼夷弾を落とし、火の海で囲んで、皆殺しにした。あれは、「オレンジ計画」で、計画的にやったんだから。もう何年も前から、皆殺しにするのを計画してて、「木の家だから燃える」っていうんで、囲み取りにして、焼くつもりでいたんだからね。

これがねえ、ヒットラー以下かどうか、検討していただきたい！

綾織　まさに、「アメリカのほうが、歴史観を見直さないといけない」ということですね。

プーチン守護霊　そうそう。アメリカも、まあ、少なくとも同罪だな。だから、ヒットラーを責める資格はねえよ。

綾織　はい。

プーチン守護霊　ヒットラーにはねえ、少なくとも、九十パーセント以上の支持率があったんだからね。

ブッシュが、湾岸（わんがん）戦争に勝ったときも九十パーセントもあったけど、あのくらいの支持率が、ヒットラーにはあったんだからさあ。民主主義的に、彼の登場自体を防げなかったんだからね。まあ、最後の結果が悪かったっていうことは、あるんだろうけどさ。

やっぱり、アメリカに言う資格はないよ。やるなら、自分たちも謝罪してから言うべきだね。

里村　はい。

8 「シベリア強制労働を謝罪したい」

プーチン守護霊が考える「北方領土返還（へんかん）」のための補償（ほしょう）費用は？

プーチン守護霊　ロシアはねえ、北のほうの島を、ちょこ、ちょこ、ちょこっとお借りして、漁業をして、そのへんの漁民たちを養うために、まあ、年十億ドルぐらいの売上を、かすかに上げている。家を建ててしもうた人もいるから、なんとかしなきゃいかんからね。まあ、その程度のことだからさ。どうでもいいんだよ、ほんとは。

里村　そうしますと、かすかなものだから、今回、日本に返すと？

プーチン守護霊　だから、アメリカが欲しいのは、もっともっと大きな大きなお金でしょう？　もっともっと大きな。

だって、あんた、「ウクライナ戦争をやるためのお金をくれ」なんて、日本の安倍首相に言ったら、大変なことになりますよ。いったい、これ、幾らになるか、試算できるか？　まあ、大変だよ、これ。

里村　いや、その試算について、十月のプーチン大統領来日の前にお伺いしたいのですが、仮に、北方四島を日本に返す用意があるとしたら……。

プーチン守護霊　うーん。

里村　少し生々しい話ですが、お幾らぐらいで北方四島を……。

プーチン守護霊　うん。まあ、でも、東日本大震災(だいしんさい)にかかった費用ほどは、かかるはずはないわねえ。

里村　おお！　ほうほう。

プーチン守護霊　あれは大きかった。大きい震災で、まあ、避難(ひなん)もあれだけいっぱいしたけどねえ。
あの辺（北方領土）に住んでる人たちへの補償(ほしょう)みたいなものも起きるからね。

里村　うんうん。

プーチン守護霊　やっぱり、生活してる人たちがいるし、家を建てて、学校に通ってる人もいるからさあ。その補償もあるし、新しい産業を誘致(ゆうち)したりする資金も、ちょっと要るからね。まあ、ただ、あの震災復興の費用以上までは要求する気はないな。うん。

里村　「東日本大震災時の費用以上まで要求するつもりはない」と？

プーチン守護霊　つもりはないな。

里村　それは、ざっとですねえ……。

プーチン守護霊　それも、一方的に取るつもりはないから。うちのほうも、もちろん、日本に何かメリットを与えなきゃいけないからね。

里村　そうすると、数兆円規模で考えると？

プーチン守護霊　そんなところかな。うん。
　極東への投資で「日本への謝罪」と「未来の日ロ関係」構築を

綾織　二〇一二年に大統領になられたあと、「極東開発省」をつくられて、シベリア、極東への投資を呼び込む環境をつくられている状態だと思うのですが、そこで一緒にやっていこうと？

プーチン守護霊　いや、謝罪したいのよ。終戦後に日本人を、あれ……。

里村　はい。六十万人。

プーチン守護霊　六十万ぐらいかねえ、強制労働に使った。

里村　はい、そうです。

プーチン守護霊　今、なんか、韓国が「(従軍慰安婦として)二十万人連れて行った」だとか、中国がどうのこうのだとか、「日本軍に強制的に働かされた」とか、いろいろ言うてるけど、うちは、少なくとも六十万人を強制労働させて、シベリア鉄道とか、あの辺の開発に使ったの、正式に分かってるからさあ。その分の補償もしなきゃいけないと思ってて、それをお返ししなきゃいけない部分があるので。

里村　なるほど。

プーチン守護霊　相殺しなきゃいけないところが、当然あるわなあ。だから、日本人に対して、やっぱり、少なくともシベリア圏については、何て言うか、ＥＵが自由に行き来できるような感じの、国内と同じように行けるぐらいの経済圏と、交通革命は起こしたいですな。

里村　なるほど。そうすると、歴史の清算と同時に、日本とロシアとの間で、「未来への計画」というものをつくれるということですね。

プーチン守護霊　そうそうそう。うん、そうそう。だから、「何兆円かぐらいは、くれ」と言うと、オバマと一緒になるから嫌だけど、まあ、「何らかの投資はかけていただきたい」とは……。

里村　要するに、「極東への投資」ですね。

プーチン守護霊　うん、投資が欲しいとは思いますけどね。

「リニア新幹線」で東京からモスクワまで結びたい

綾織　あなたが首相時代におっしゃったこととしては、「ロシア本土とサハリンの辺りに橋を架け、さらに、日本へのトンネルを通じさせよう」と……。

プーチン守護霊　うん。もっと交通をよくしてね。いやあ、新幹線なんかアメリカに売らなくていいから、それでこちらを走ろうよ。

綾織　なるほど。

プーチン守護霊　「シベリア鉄道新幹線」でいこうよ。うん、こっちがいいよ。あ、リニアなら、もっといい。うん。モスクワまで何時間で行くのか知らんけども、もっといいね。

里村　今の日本の政界やマスコミですと、今回のクリミアでの動きを見て、「ロシアとあまりつながると、同じようなことをされるのではないか」というような懸念(けねん)を持っています。

プーチン守護霊　いやあ、そんなこと、絶対にない。だから、できたら、リニア新幹線で、東京から北海道経由でモスクワまで来られるようにしたい。

綾織　これは、日本の企業(きぎょう)もシベリア辺りで自由に活動できる環境をつくるということですね。

プーチン守護霊　だから、クリミアの恐怖(きょうふ)もあるかもしれないが、日本人はそんなに恐怖は感じてないと思うし、北方四島を返せば、それも消えるだろう。少なくとも日本人はね。

綾織　そうですね。それは大きいですね。

里村　いやあ、いろいろともう、まったく変わってくると思います。

日ロ関係が強化されることで恐怖を感じる中韓

プーチン守護霊　恐怖を感じるのは、「韓国」と「中国」だな。

綾織・里村　うーん。

プーチン守護霊　これは恐怖を感じると思うな。どういうことかというと、「北朝鮮の背後にロシアあり、中国の背後にロシアあり」ということになるわな。うん、うん。これで海洋進出はできにくくなるでしょうね。

里村　はい。そして、「日本」と「ロシア」との関係がそれだけ強くなったときには、今の中国の習近平政権が抱える恐怖心、プレッシャーは、たいへん大きなものです。

プーチン守護霊　だから、「韓国」と「中国」だけはくっつこうとしてるけども、当然、これに「アメリカ」のほうも割って入ろうとするだろうから。

里村　ええ。

プーチン守護霊　「韓国」と「中国」が合体しただけじゃあ、世界の脅威にはならないので、それだけではね、うーん。

やっぱり、今、「正義とは何か」を考えるべきときだよ。だから、ほかのところはやってないのに、中国が、自分のところだけ十パーセント以上の軍事費の増大をかけて、それで海洋戦略を練ってるっていうことは、もう、これ、厳然たる事実ですからね。まあ、「ヒットラー」を言うんなら、客観的には、これしかないと思うよ、やっぱり。

綾織　その意味では、今、ロシアのプーチン大統領が「世界的な正義」を体現しつつある……。

プーチン守護霊　何て言うか、まあ、ベテランだからね。政治家としては老練なので。今、世界でいちばん頼りになる政治家なんじゃねえかなあ。

9　プーチンの時代の次に来るものは？

「シリア問題に潜む脅威」をよく分かっていないアメリカ

綾織　先ほど、「南に出たい」という話もありましたけれども、「プーチン大統領は、単なる侵略主義者ではない」……。

プーチン守護霊　ない、ない、ない。

綾織　……という認識を持ってもらうためには、シリアのところも鍵です。

プーチン守護霊　「ロシア」と「シリア」の関係から言うと、「ロシアはシリアについては知り尽くしている」というか、まあ、長いので、関係が深いからさあ、よく知ってるけども、アメリカは、シリアのことなんか、あんまりよく分かってないよ、ほんとはね。

綾織　はい、はい。

プーチン守護霊　分かってなくて、「イスラエルの脅威かどうか」ぐらいでしか判断できていないんでね。やっぱり、イスラエルが周辺の国に与えている脅威がどの程度のものかっていうのは、そら、住んでる人じゃないと分かんないからさあ。近隣国の恐怖は、やっぱり多い。

綾織　はい。

プーチン守護霊　だから、イランにとっては、もう、アメリカがいつ何をするか分からないで怖(こわ)いけども、（机を叩(たた)きながら）イスラエルが何をするかも分からない。怖いけど、この感覚ね、ちょっと分かってないところはあるので。

まあ、オバマさんのやり方だと、下手(へた)をすれば、ロシアと中国がくっついて、さらにイスラム圏(けん)のほうまでくっついてくる可能性だって、ないわけじゃないのでね。こういうのは、あんまりよくない関係なんじゃないか？

シリア・アサド政権下での「十数万人の死」をどう捉(とら)えるか

綾織　一方、シリア国内を見てみると、すでに十数万人の人が亡(な)くなっているということで、アサド大統領がそのまま政権を続けていることで、これだけ国民の犠牲(ぎせい)が出るというのは、人道的にも看過(かんか)できないところがあると思うのです。その点についてて……。

プーチン守護霊　じゃあ、アメリカ軍が入ってたら死ななかったのかね？

綾織　いや、もちろんそれは……。

プーチン守護霊　空爆だろ？　いや、自分たちは死にたくないから、彼らがかけるのは空爆ですから、うん。アメリカが空爆して死ぬのは、いったい誰なんだ？　シリア人なんだろ、やっぱり。

綾織　少なくとも、アサド大統領がこのまま政権にい続けること自体は、問題が大きいのではないかと思うのです。

プーチン守護霊　それはまあ、でも、「国民の意思」だと思うけども。少なくとも、アメリカが空爆して殺そうとしてるのは、昔の日本で言やぁ幕府軍のほうだ。それを空爆することになるわけだから。維新の勢力が「正義の旗印のもとに革命を起こす」っていうんならしかたがないところはあるけども、その見通しが立ってないで、単なるゲリラテロをやるだけで幕府のほうを攻撃するっていうのは、気をつけないと国を取られるから。

こっちも、国を取られるのは一緒だからさあ。

綾織　うーん。

プーチン守護霊　日本は、フランスとかイギリスの介入を退けて、なかだけの内戦で明治維新を起こしたけども、これ、おんなじだからね。フランスが幕府に「武器を貸与してやろうか」とか「金貸してやろうか」とか言うのに乗っていたら、この日本はイギリスに取られてたんだから、明治維新はな。

だから、アメリカに空爆してもらったら、あの辺はアメリカに取られるわけよ。

アメリカが（シリアを）取ったら、次はどうするかといったら、イランだよ。イラン対策に入るのは分かってるから。次はイラン攻撃に入るんですから。今はたまたま、金がないからいいんであって、金があったら、「シリアを取って、次にイランを攻撃する」、こうなるわけ。
だから、どっちにしても〝地獄絵〟なのよ。地獄絵は地獄絵。

平和裡・合法的にアサド政権の体制が移行することが望ましい

綾織　プーチン大統領としては、このアサド政権、シリアの体制をどういうふうにもっていこうとされていますか。

プーチン守護霊　いや、やっぱり、ちゃんと平和裡に、合法的に、政権が替わるなら、それで構わないと思ってますよ。だけど、それ以外の、そういう暴力的な手段とか、ゲリラ、テロみたいなもので体制が崩れるようなことは、やっぱり、あんまりよろしくないと思います。

綾織　ああ……。

プーチン守護霊　ロシアだって、そういうのは好きではありませんし、アメリカだって、ほんとは好きじゃないはずですよ。最近、テロでホワイトハウスを壊すような映画がいっぱいできてるみたいだけど、嫌でしょ？　ほんとは、ねえ？　だから、戦争をやったら被害が大きいから、テロでやるほうが、自分たちの被害が少なくて済む。攻撃する側のね。

「テロでホワイトハウスだけを爆破したほうが安上がりだ」っていうんで、アメリカ人自身がそんな映画ばっかりつくってんだからさあ、「やれ」と言ってるようなもんだよね。「ホワイトハウスだけ潰せばいい」っていう……。

アメリカ後退期に「地球的正義」の代理(だいり)を自任する

里村　今のお言葉で思い出しますのが、あまり日本では報道されていないのですが、昨年、シリア問題が起きて、アメリカが空爆するという話があったときに、地上にいらっしゃるプーチン大統領本人が、「『アメリカという一国で何でもできるんだ』という考え方は、『神は人間を平等につくられている』という考え方に照らすと、危険な考えである」というふうにおっしゃっていまして、単なるパワーポリティクス（権力政治）ではない……。

プーチン守護霊　うん、そうだよ。そうなのよ。

里村　ある意味で、今後、「地球的正義」と、「国際的正義」となることを……。これはちょっと、よく見すぎてはいるのですが。

プーチン守護霊　だからねえ、そうなの、そうなの、そうなの。いや、「幸福実現党の時代」が来るまでが、「プーチンの時代」なんだよ。うーん。

里村　ああ、そこまでおっしゃると、ちょっとまずい……。もう、否定のしようも何もありませんです（会場笑）。もしかしたら、それも方便では？

プーチン守護霊　ええ、だから……。「世界の正義」を、ちょっと代理しなきゃいけない。しばらくだけね。

里村　ええ。

プーチン守護霊　「しばらくだけ代理をしなきゃいけないな」と思っているので。

いや、それは私だって任期があるから、いつまでもはできない……。

綾織　それでは、とりあえず、「世界正義」を支えるための代理をしてくださっている？

プーチン守護霊　だって、長いから、よく見えてるのでね、うん。

国債で中国に牛耳られているアメリカは当てになるか

里村　そうなりますと、昨日のオバマ守護霊の霊言（前掲『オバマ大統領の新・守護霊メッセージ』参照）のほうでも、要するに、「アメリカは『世界の警察官』というのは、言葉では否定しているが、やはり、そういうだけの唯一の説得力を持つ国なんだ」というふうにおっしゃっていました。

プーチン守護霊　あれはもう、〝舌〟しか持ってないからね。うーん。

里村　ええ。まず、「アメリカが唯一の超大国」という、そういう認識そのものが、むしろ、これからの国際平和にとって危険な部分もあるということですか。

プーチン守護霊　うーん、アメリカは、「債務国」という意味においては〝超大国〟だと思うよ。

里村　ああ、はい。

プーチン守護霊　「世界の超債務国」だから。

里村　超債務国、はい。

プーチン守護霊　中国に牛耳られるぐらいの債務国だからね。

里村　ええ、ええ。

プーチン守護霊　だから、おたくの、〝あれ〟（幸福の科学のウェブ番組「THE FACT」第9回で、江沢民を告訴したスペインの当事者にインタビューを敢行）でやってるとおりでね。スペインだって、ねえ？　中国に国債を持たれて、揺さぶられたりなあ。だから、あっち（アメリカ）も一緒だよ。

里村　国債で脅して……。

プーチン守護霊　うん、アメリカの国債。これで揺さぶられたらねえ、もう、アメリカも食っていけない。公務員を解雇しなきゃいけなくなるから、そらあ、警察だって、軍隊だって、みんな危ない……。「軍隊は残す」とは言ってるけど、そうは言いつつも、軍隊に給料を払わないと戦わなくなるから、最後にしなきゃいけないけど、その前に定員を減らしたくなってくるわなあ。

だから、アメリカは、意外に危ないところがあると思うよ。

里村　ああ……。

プーチン守護霊　言うことが矛盾する可能性がある。「平和にしとれ、じっとしとれ」と言いつつ、いざ、中国と日本との危機とか、韓国との危機とか何か起きたときには、いきなり、「日本が独自で戦うべきだ」とか、「戦費は（日本が）負担すべきだ」とか、いっぱい押し付けてくる可能性はあると思うなあ。

10 「日ロ平和条約」を結びたい

"ライオン"に"てんとう虫"のような国が交渉してはいけない

藤井　欧米のスタンスを見ていますと、「シリアの問題は、人道上、許されない」という考えがあると思いますが、ウクライナ問題に対しても、非常に非難囂々たるところがある一方で、中国や北朝鮮の問題は、あまり大きく取り上げないようなところもあります。

プーチン守護霊　うーん、うーん。

藤井　先ほど、「対中包囲網ではなく、対ロ包囲網になりかけている」という話もありましたけれども、このあたりは、もしかしたら、若干、公平観に欠ける部分があるのではないかと思うのですが、どうでしょう？

プーチン守護霊　うーん。少なくとも、ちょっとねえ、北朝鮮問題なんか、ほんとに、安倍さんがそんなに長いこと、やらなきゃいけない問題なのかっていう感じがするね。オバマさんの対話路線もいいけどさあ、やっぱり、実力行使しなきゃいけないときもあるんじゃないの？

だから、あなたねえ、てんとう虫みたいな国と、猛獣とを一緒にしちゃあいけないよね。やっぱり、〝ライオン〟とね、〝てんとう虫〟が交渉しちゃいけないと思うよ。〝てんとう虫〟は、ちゃんと道を譲るべきだよね。

里村　うん。

プーチン守護霊　偉そうにやってるんでしょう？　やっぱり、あれはちょっとおかしい。

韓国の豪華客船沈没事故を引き起こした原因を探る

プーチン守護霊　まあ、修学旅行生がいっぱい乗っていた韓国の豪華客船が沈んで、何百人も被害を受けているけど、あれだって、もしかすると、最近、（北朝鮮は）ミサイルをいっぱい撃ってたし、あそこ、特殊潜航艇を持ってるので、軍事演習をやっている可能性があるんだよ、あれ。

あれは、船底のほうが車や貨物を入れる倉庫になってるから、どこにでも穴さえ開ければ水が入って沈むのは分かってますからね。

最大の客船でしょ？　穴さえ開ければいいわけですから、あのくらいだったら、北朝鮮ならできるはずです。特殊潜航艇で来て、穴を開ければ、水が入るから。

里村　そうですね。

プーチン守護霊　うん。

里村　今、「岩礁（がんしょう）にぶつかったのではなく、急旋回（せんかい）によって引っ繰（く）り返った」という説も出ていますが……。

プーチン守護霊　いやあ、そんなこと、ありえない。船の設計上、ありえない。

里村　ええ。ただ、今までの報道ですと、助かった人の話によると、「大きな衝撃（しょうげき）音があった」ということを何人かが言っていたようですね。

プーチン守護霊　うん。船の設計上だって、つくったばっかりの船ならね、そういう設計ミスみたいなのがあるかもしれないけど……。

里村　もう、ずっと使っています。

プーチン守護霊　もう、日本で十八年使って、向こう（韓国）でも使ってる船でしょう？　だから、古くはなったかもしれないけど、まだ沈まないと思うから、使ってたんでしょう。

それに、キャプテンはベテランの方だったんでしょ？　ベテランで何年もやってる方がいて、修学旅行生を乗せているときに、そういう転覆するような運航をするとは、ちょっと思えない。

岩礁なら分かるよ。岩礁にぶつかったっていうのなら分かるけど、水深四十メートルぐらいだったら、岩礁があるかどうかぐらい……。

里村　岩礁はなかったです。

プーチン守護霊　簡単に分かるわねえ。

里村　ええ。

プーチン守護霊　だから、岩礁もなくて、あれが転覆するっていうのは、おかしいので、穴を開けられて水が入り、浸水（しんすい）して転覆したっていうのが、いちばん簡単な考え方だよね。穴を開けるの、そんな難しくないよ。

里村　ああ、そういう目で見なければいけないということですね。

韓国政府内部も実は「北朝鮮の犯行」を疑っている

プーチン守護霊　北朝鮮は、いつもそんなことをやってるから。日本まで来て（人を）さらっていくんですから。ゴムボートで来て。もう、特殊潜航艇でね。

里村　はい、そうですね。

プーチン守護霊　シュノーケルをつけて酸素ボンベを背負って潜って、船に穴を開けるぐらい、あんなの、簡単に開けられますよ。

里村　実際に、四年前にもやっていますから。

プーチン守護霊　やってますよ。砲撃したり……、ねえ？

里村　はい。

プーチン守護霊　あれはねえ、いちおう疑うべきだと思うし、韓国政府は、実際、疑っていると思う。

里村　あっ！　なるほど。

プーチン守護霊　ほんとは疑ってると思うけど、疑ったら対策を練らなきゃいけないから、発表することはできない。だから、「急旋回で倒れた」っていうことにしているが、今は内部で揉めていると思うよ。

里村　韓国も、慰安婦問題どころではありません。もうすっ飛んでしまいます。

プーチン守護霊　で、霧の日だったら、もっと狙いやすかったと思う。「霧が出ていた」っていうんならさ、いちばんのチャンス。まあ、見え見えだったらあれだけど、近づけるしねえ。ある程度の大きさの穴を開ければ、浸水して自動的に沈むことになってるので。

里村　ええ。

プーチン守護霊　あれはたぶん、狙った可能性はあると思う。金正恩はすでに〝断末魔〟の段階かもしれない

綾織　朝鮮半島情勢というのは、今はもう、非常に危険な状態なんでしょうか。北朝鮮の無人偵察機が何機か韓国に侵入しているようですが。

プーチン守護霊　いや、危険だと思いますよ。金正恩は、もう、本当に断末魔の可能性があるので。

綾織　はい、はい。

プーチン守護霊　王朝を維持したいけど、世界は敵に見えてるから、当然ながら。まあ、中国との関係まで悪くしちゃったからね。叔父さんを処刑しちゃった関係で。

綾織　張成沢ですね。

プーチン守護霊　中国との関係まで仲が悪くなったから、もうあれは、何か見せしめみたいなものを外に対してやらないかぎり、国がまとめられない状態だから。

「どこが弱いか」っていうことだよね。

そう考えたら、だいたい、やることっていうのは見えてくるじゃない？　韓国か日本か、どっちかに何かをするぐらいしかないけど、日本は今、安倍が怖いからね、ちょっとね。

綾織　はい、はい。

プーチン守護霊　安倍が怖くなってきてるから。

北朝鮮崩壊後の韓半島は日・ロ・中の「三国干渉」になる

藤井　もし、北朝鮮が崩壊するとなると、その後、どういうふうになるでしょうか。韓国が併合するか。あるいは中国が入っていくのか。

プーチン守護霊　いや、これは……、たぶん、大変なことになるねえ。

だから、ロシア経済も、シベリア方面をもうちょっと発展させないといけないと思ってるんだけども、もし、南北朝鮮が併合するってことになれば、やっぱり、「ロシア」と「日本」の両方から……、まあ、「中国」も入るかもしらんけども、少なくとも三国は助けに入らないかぎり、無理だろうなと思う、経済的に。「アメリカ」に余力がありゃあ、アメリカもすべきだとは思うけどね。

だから、この三カ国は、何らかのかたちで、「三国干渉」みたいになるだろう。うーん。

日本と「平和条約」を結び、提携を強化したい

里村　でも、「日ロ関係が強いと、混乱はかなりの程度、緩和されていく」という部分があります。

プーチン守護霊　そうだねえ。だから、私は〝圧力〟をかけて、北朝鮮を潰そうと

思ってるんだけどねえ。

里村　あっ！

プーチン守護霊　戦争なくして潰せると思ってるんですけど。やるつもりなんですけどねえ。

綾織　具体的には、どういう手を打たれるんですか。

プーチン守護霊　だから、「日本と平和条約を結んで、提携を強化していく。日本に敵対するようなものがあったら、背後からいつでも、〝セコム〟します」という関係を言っとけばいいんでしょう？

綾織　はい、はい。

プーチン守護霊　それで、「日米同盟」を損(そこ)なわない範囲(はんい)内で、そういう話をすればよろしいんでしょう?

綾織　「日ロ同盟」に、若干(じゃっかん)近いようなところはありますね。

プーチン守護霊　まあ、ちょっと近いの。そのへんが、アメリカにとって、ちょっと、いやらしいところだけど、アメリカも中国といやらしい関係になってるからねえ、今ね。

里村　そうですね。

プーチン守護霊　経済関係で、もう、日本よりも中国のほうが親密になってるんで。「あちらが切れない」っていうのは、クリントン政権の前のときからそうだ。あちらのほうを大きくしていって、日本を追い抜かせたのは、アメリカだからねえ。これは責任あるよ、中国を大きくした以上。アメリカは、同盟国の日本よりも、中国を育てて大きくしたんだからね。
だから、「これ（中国）との関係が切れないために、日米同盟が守り切れません」って、いつ言うか分からない。

里村　そうですね。

プーチン守護霊　この関係があるから、やっぱり、〝保険〟をかけとかないといけないと、私は思うねえ。

平和条約で停戦状態を終わらせ、「発展的な話し合い」へ

里村　その〝保険〟というものを見たときに、「北方四島の問題、北方領土問題の解決」は、イコール「日ロ平和条約締結」へと向かいますから。そうすると、今年の秋のプーチン大統領の訪日は極めて大事ですね。

プーチン守護霊　そう。まずは「平和条約」を結ばないと。今のままだと、戦争が終わってないんだから。今は停戦している状態だから、これはよくないよね？

里村　はい。

プーチン守護霊　まずは、これを終わらさなきゃいけないよねえ。それで、ちゃんと「平和条約」を結んで、それから何か発展的な話し合いに入り

たいところだね。

双方(そうほう)が経済的に発展していくような関係をつくっていって、次に、戦略的には、北朝鮮を崩壊させる方向と、南北朝鮮が統一されるとした場合のシミュレーションを一緒にやっていかなきゃいけない。

里村　一緒に？

プーチン守護霊　「どうやってやるべきか」ということをやらなきゃいけないし、あと中国は、「アジア、アフリカ、それから太平洋地域を全部支配しよう」という野望を持っているのは明らかですので、「この野望をどういうふうにして抑(おさ)え込(こ)むか」っていうところだね。

あとは、インドも巻き込まなきゃいけないと思う。インドのほうも、「先制攻撃(こうげき)はしない」とか言うてるけども、「インド」、「ロシア」、「日本」、このあたりは、やっぱり、力を合わせていって、包囲していく必要はあると思うな。

11　ロシアは「中国の自治区」に介入する？

クリミアでは「いざというときはやる」ことを見せた

綾織　先般のチャーチル元首相の霊言のなかで、「ロシアが、中国の少数民族問題に介入する可能性がある」と言われていました（前掲『「忍耐の時代」の外交戦略　チャーチルの霊言』参照）。

プーチン守護霊　やる気あるな。それを考えてんだ、俺は。

綾織　お！　そうですか。

里村　考えていらっしゃるんですか。

プーチン守護霊　だから、クリミアはね、一つのあれはねえ、文明実験だけど。まあ、非難を受けるのは知ってたけども、「ロシアは、いざというときはやれますよ」というところを、ちょっと見せてるところもある。

里村　中国は、確かにそれでジレンマに陥っていまして。

プーチン守護霊　そうですよ。

里村　「ロシアを支持する」ということと、「クリミアの独立」ということは、チベットと全部かぶるんですよね。

プーチン守護霊　そうなんです。「チベット」、「ウイグル」、「モンゴル」、これらは全部入れるんですよ。日本との経済協力を推進して、もうちょっと経済的に繁栄することが担保できればね。

これが干ぼしにされた場合は、やっぱり、それはちょっと無理ですけども。干ぼしにされたら、たぶん、中国の覇権がもっと進んでいくようになると思うけど、あなたがたが考えてるのは、そういう自治区のところ？

里村　はい。

プーチン守護霊　「いざというときは、うちは、いつでもやれるんですよ」というところを、あれでちょっと見せてるわけで、ＥＵやアメリカを敵に回してでも、やれんことはない。

でも、まあ、大義名分はいちおうあったのよ。「邦人保護」っていうのが、最初、あったからね。まあ、約六十パーセントはロシア人だったから。ロシア人が強制収容所とかにいっぱい入れられるようになったら、やっぱり困るんでねえ。

だから、「保護してほしい」っていう願いは、実際あったからね。

だから、私は「やる男」なんですよ。「やるときには、やる男」なんですよ。

中国の「戦後、侵略した体制」も維持しているアメリカ

里村　改めてご確認しますけれども、プーチン大統領は今、そこまで含めて考えていらっしゃると？

プーチン守護霊　考えてる。考えてる。

だから、北朝鮮や、それから中国の〝自治州〟と主張する、要するに、「(中国が)戦後、侵略した国家」だな？

里村　はい。

プーチン守護霊　アメリカは、なんか嘘を言っているよ。「戦後体制を維持する」って言ってるけど、「戦後、侵略した体制」も維持してるんだよ。だろ？

里村　そうです。

プーチン守護霊　それは、おかしいじゃないですか。一九四五年で終わりだったんだったら。その体制だったら、できるはずはないことをやってるでしょ？

綾織　うんうん。

プーチン守護霊　「国連の常任理事国だった」っていうことだけど、まあ、中国がそれほど大国でもなかった時代だよ。それほど、大国でもなかった時代に、もっと豊かになりたくて攻め取ったところだからねえ。

だから、「あれ（中国）に正当性があるかどうか」っていうことを、どこも判断していないじゃないですか。

安倍首相に「〝独裁〟しなきゃいかん」とエールを送りたい

里村　今の戦略から見たときに、今日、冒頭でも、「安倍さんと似ているところがある」とおっしゃいました。

プーチン守護霊　似てるよ。ある意味では似てる。

里村　プーチン首相のカウンターパートは、二年前の霊言のときは、野田さんでした（前掲『ロシア・プーチン新大統領と帝国の未来』参照）。

プーチン守護霊　うーん、あれはちょっと駄目(だめ)だよな。

里村　しかし、今は、安倍さんをどのようにご覧になって、どういう部分が似ているのかを、ぜひ教えてください。

プーチン守護霊　いやあ、安倍さんには、「しっかりと〝独裁〟しなきゃいかん」と、やっぱりエールを送りたい。

里村　独裁者的な要素？

プーチン守護霊　うん。日本は、やっぱり一年しかもたないことが多いからさあ、こんなんじゃ頼(たよ)りないっていうかさあ（笑）、話にならないじゃないですか。一年ごとに交代したら。

やるならば、十年ぐらいやってくれよ。ちゃんと長期政権で。そのくらいやらないと、話し合いができないよ。まったく当てにならないから。十年ぐらいガシッとやれよ。

里村　まあ、独裁的なところは同じような……。

プーチン守護霊　独裁したら、その場合は毒殺すればいいんだよ。

里村　ええ（笑）（会場笑）。

プーチン守護霊　あんまりひどかったら、忍者（にんじゃ）でも使ってやれよ。

里村　いやいや、それは（笑）。

綾織　「安倍首相には、そういうリーダーシップを期待している」ということだと思うんですけれども。

プーチン守護霊　いや、「そのくらいの人じゃないと話し合いにならない」って言ってんのよ。

キリスト教徒の「同性婚（どうせいこん）の許可」は狂（くる）っていると主張

綾織　一方で、先ほどおっしゃっていた、「ロシアの日本化」という意味では、これも批判を受けているところなんですけれども、「報道の自由」を制限されるようなところがあったり、あるいは……。

プーチン守護霊　うーん……。まあ、俺の悪口を言いすぎた場合にね。ちょっとね。

綾織　まあ（苦笑）……。そうなんですね。あとは、ゲイとか、レズビアンとかの権利を侵害していると批判されています。

プーチン守護霊　いやあねえ、これは実に正当でしょう？　あんなねえ、おかしいよ。アメリカとねえ、あのオバマがいちばんおかしいんだけど。アメリカとＥＵが「同性婚（どうせいこん）を許可する」とか、もう狂（くる）うとるよ。キリスト教徒ならねえ、絶対、これは狂ってるよ。おかしいよ。

綾織　なるほど。では、キリスト教の立場でされていると……。

プーチン守護霊　うちはねえ、ロシア正教はねえ、認めません、あんなの。おかしいですよ！　だって、「男女を神がつくった」っていうことに、はっきりとなってるじゃないですか。

「それはなぜか」っていうと、子孫繁栄のためにつくったんですから。同性婚だとか、そんな、ややこしいものを認めて、あとどうするの？　その後。

12 「日本は偉大な国」

「強い男」「鉄の男」でなければロシアはもたない

藤井　宗教とのかかわりで、一つお伺いしたいことがあります。

先ほど、中国の自治区に対する言及がありましたが、それによって、世界に対し、「中国が正義なのか」「ロシアが正義なのか」という問題を突きつけるかたちになると思います。

ただ、今、プーチン大統領が目指している「強いロシア」というのは、おそらく、かつてのソ連邦と違って、無神論や唯物論を否定したというよりも、「ロシア正教をベースに強い国をつくろう」というところですが……。

プーチン守護霊　そうそうそうそう。

藤井　ここについて、どうお考えなのでしょうか。

プーチン守護霊　根本的な考え方の違(ちが)いを言っときたいけども、中国が戦後やってきたことは、他の国を丸ごと取って自分たちの自治区に組み入れて、中国語を強制することだね。それで、まあ、はっきり言えば、核(かく)兵器の貯蔵庫にしたり、そういう危ないところをいっぱいやらせたり、ゴミ捨て場にしたりいろいろして、低賃金で使ったのは中国だよねえ。

かつての「ソ連邦」の国の問題で、（ロシアは）バラバラになったけど、実際には、そのなかで、いろいろ考え方はあったわけですよ。本当はロシアと一緒(いっしょ)にやっていきたい国はいっぱいあったけども、とにかくバラけてしまったからねえ、とりあえずね。大統領が誘拐(ゆうかい)されちゃったりなんかして、もう変なことがいっぱいあって、バラけてしまったので。

だから、ああいうふうな〝緩(ゆる)いタイプ〟の指導者では、ロシアはもたないんですよ。やっぱり、もうちょっと強くないと、ロシア人ってもたないんで。

「アイアンマン」は、アメリカで流行(はや)ってるけども、ロシアこそアイアンマンでないともたないんですよ。そういう「強い男」、「鉄の男」でないと、ロシアはもたないので。強いところを見せないと、やっぱりまとめられないんでね。

ロシアもアメリカのような「合衆国」をつくることは可能

綾織　今後、うまくいけば、十年間ぐらい政権を担(にな)い続けられるわけですけれども。

プーチン守護霊　元のロシア、ソ連に全部戻(もど)す気はないですけども、元のソ連邦のなかで、やっぱり、ロシアと緊密(きんみつ)にというか……。まあ、いわゆるアメリカだってねえ、ユナイテッドネーションでしょう？　あれは、「国の集まり」なんですよ。

五十の国の集まりが、アメリカ合衆国なんですよ。国が五十集まってできてるんで。

里村　連邦(れんぽう)国家です。

プーチン守護霊　ロシアだって同じでして、元の国と、ああいう合衆国をつくることは可能なわけで、「これがいけない」と言うんなら、アメリカだっていけないわけです。他の国と一緒に組んでやってるんですから。

だから、もし考え方が一緒になれるものがあれば、それは一緒になったほうが経済的にも、いろんな面でも強いし。

綾織　「ロシア版の合衆国」ができてくると?

プーチン守護霊　うん。なるよね。ただ、全部が全部はならないとは思うてるよ。

日本は精神性において「世界の模範（もはん）」となるべき

里村　そのような理想、ビジョンに向かって、これからの十年、二〇一八年の次の大統領選も含（ふく）めて、構想はお持ちですか。

プーチン守護霊　うん、そうそう。持っている。

里村　確認させていただきますが、そのなかで、「日本の力は非常に大きなものだ」と、プーチン大統領はお考えですか。

プーチン守護霊　日本っていうのはね、偉大（いだい）な国ですよ。「世界の模範（もはん）」であるべきですよ。だからねえ、国の領土の大きさで偉（えら）さは決まらない。人口の大きさでは決まらない。

里村　「模範であるべき」というのは、どういう点がですか。

プーチン守護霊　やっぱり、「精神性」において「世界の模範」になるべきだと思うね。

まあ、「領土の大きさ」や「人口の大きさ」、それから最近は「ＧＤＰの大きさ」等で考える気はあるとは思うけども、やっぱり「精神性の高さ」が大事でね。

日本の歴史を考えたらね、やっぱりアメリカなんて、もう二百年、三百年の国ですから、それは天皇陛下の前に来てねえ、最敬礼するはずですよ。だって二千六百年、二千七百年近い歴史を持っている王朝なんて、今、世界にないんですからね。

そんなところにねえ、わずか二百年そこら前にねえ、独立宣言してできた国で選ばれた四十何代大統領あたりが行ったら、そんな、震え上がりますよ。当たり前ですよ。

だから、それはねえ、もっと歴史を学ばなきゃいけないですよねえ。

「日本的なシステム」の導入で旧東欧圏を豊かにしたい

綾織　ロシア国内のことをお伺いしたいんですけれども、これからの十年において、「ロシア国民の幸福」ということを考えたときに、どういう国にしていきたいと考えていらっしゃるんですか。

プーチン守護霊　やっぱり、日本語を「準公用語」にしたいねえ。

綾織　おお！（笑）

プーチン守護霊　そうすれば、日本とは、本当にもっと付き合えるようになると思うし、ソ連が責任を持っていた旧東欧圏は、みんな貧しいですから。やっぱり、あのへんをもうちょっと豊かにするための援助(えんじょ)はしたいなあと思っているので、それには「日本的なシステム」を導入したいと思ってます。

「日本的な考え方」を入れて、ロシア自体も変えたいけれども、旧東欧の貧しい国々がいっぱいあり、それらはＥＵに入ったところで、きっと救われないと思うので、「日本式のもの」を、もっともっと導入していきたいと思ってます。

アメリカの自動車産業を打ち壊(こわ)したんですから、戦後の荒廃(こうはい)から。日本は偉いですよ。デトロイト市を破産させた。これはすごい。

綾織　競争ですので（笑）。

プーチン守護霊　トヨタ自動車は……。〝トヨタ一国〟で、これは、もうあれですよ。やっぱり、〝天下取り〟だねえ。

里村　昨日、オバマ大統領守護霊は、そのへんについて〝恨(うら)み節〟を言っていました。

プーチン守護霊　いや、「デトロイトを倒(たお)した」っていうのはすごいよ。やっぱりねえ、自動車の国だったからね。

里村　やはり、そういう日本人の勤勉性とか、真面目(まじめ)さとかいったものを向こうに入れていきたいと?

プーチン守護霊　実に似てる。国民性としては似てるの。ポーランド人なんかは、国民性は日本人と非常によく似てるのよ。勤勉で、誠実で、一生懸命(いっしょうけんめい)働くんですよ。それで、「超過(ちょうか)勤務して、残業しても、そんなのは当たり前だ」っていうような考え方なんですよ。

日本人にとってもよくて、日本語学科なんかは、もう三十倍の倍率だって言われているぐらい、もう、日本人気なんですよ。

それから、日本の店も、もう百店舗ぐらいあったのが、今は三百ぐらい、出始めて、すごい日本ブームなんですよ。日本人のほうが、ほとんど関心を持ってないですけど、あのへんを中心にして、旧ワルシャワ条約機構のところを全部、「日本化」していったらいいんですよ。

綾織　なるほどね。

戦勝国であるアメリカも「日本化」しつつある

プーチン守護霊　だから、「日本化が進むべきだ」と私も思う。ヨーロッパだって、もう、ここ数百年ずっと衰退の歴史ですよ。

里村　そうですね。

プーチン守護霊　「衰退」と、あと「悪さ」でしょ？　「衰退」と「侵略」の歴史。衰退してるから侵略し、侵略してるから衰退する。

侵略して、ほかからタダでいろんな資源を取り上げて、安い労働力を使って貢がせて、そうして、自分らはかつてのローマみたいに〝左団扇〟でやってるうちに衰退してきている。働かないから衰退してきたんです。

これが「ヨーロッパの歴史」でしょ？　アメリカはそこから離れて、最初は真面目に勤勉に畑仕事をし、家畜を育て、西へ向かってフロンティアを目指してやったけど、西が果てたときに、太平洋に出て島々を取りに入ったところ、「先発したところがいっぱい取った」ということで、日本に喧嘩を売って、こういうことになったわけだけども。

まあ、やりすぎた面もやっぱりあると思うねえ。あれだけ、広大な国土があるんだから、満足してもいいよね。

藤井　要するに、「日本化したところほど、国家の発展や産業の発展があるんだ」という……。

プーチン守護霊　アメリカも「日本化」しつつあるよ、ある意味ではね。

藤井　そういう未来を見ているということですか。

プーチン守護霊　ある意味で「日本化」してるけど、プライドが許さない。勝ったからね。自分らは戦勝国だからプライドが許さなくて、「日本化」してることを認めないけど、オバマさんがやってることは、日本がやったことをまねしてるだけで、なぞっただけだよね。

「オバマケア」なんていうのは、もう日本のまねじゃないの。ねえ？　日本はそれで失敗したので、今、変えようとしてるところだよ。

里村　そうです。

13　日本に何度も生まれ変わっていた？

アジアの影響で「転生輪廻的なもの」が入りやすいロシア

里村　お時間がだんだんなくなってきたのですが、今日のお話をお伺いしていますと、本当に日本に対する思いの強さを感じました。

プーチン守護霊　うん。

里村　前回、「かつて徳川幕府の将軍吉宗様だった」という話を聞いたので驚いたのでございますが（前掲『ロシア・プーチン新大統領と帝国の未来』参照）、それ以前も日本に……。

徳川吉宗（1684 ～ 1751）
江戸幕府第８代将軍。幕府権力の再興に務め、享保の改革を実行。破産状態になっていた幕府財政の復興などをしたことから中興の祖と呼ばれた。江戸時代を代表する名君の一人とされる。

プーチン守護霊　うん。何回も。

里村　「何回も」ですか!?

プーチン守護霊　うん、うん。

里村　もし、お名前をお伺いできれば幸いです。必ず遺(のこ)っていらっしゃると思いますので。

プーチン守護霊　うーん、ロシアの大統領だからねえ。まあ、そういうのは……(笑)。

里村　もうすでに、吉宗が出ておりますので（会場笑）。

プーチン守護霊　ロシアの大統領があんまり……。

里村　といいますか、ロシアのほうでは非常に反響があったんですよね？　そういう霊的な背景等について反響があって、わりと受け入れられたんです。

プーチン守護霊　今ちょっと、宗教復活中だからねえ。

それで、ロシアの場合、アジアの影響があるから、キリスト教でも転生輪廻的なものが入りやすい感じがちょっと、あることはあるよ。ちょっと理解ができるところはあるんですよねえ。

安倍首相の手前、日本での転生を明かすことを渋る

プーチン守護霊　まあ、日本人（の過去世は）まだあるよ。確かに、日本人はありますけど。

里村　ええ。ぜひ。

プーチン守護霊　いやあ、まずいなあ。安倍さんより偉いと、いけないだろう?

里村　（笑）いや、まったく構いません。

綾織　安倍さんも立派な方だと思いますので。

里村　過去世は、過去世の話ですから。

プーチン守護霊　安倍さんより偉いと、まずいんじゃないの？

里村　いやいや、全然まずくありません。過去世は過去世の話でございますから。

プーチン守護霊　嫉妬（しっと）されたらどうするんだよ。

綾織　いえいえ。

里村　大丈夫（だいじょうぶ）でございます。

プーチン守護霊　うん？　嫉妬するかもよ？

里村　いえ。大丈夫です。彼もプリンスですから。

綾織　大丈夫です。

プーチン守護霊　そうかなあ?　そうか、大丈夫かなあ……。

里村　大丈夫でございます。ぜひ、訪日の〝地均し〟として、お教えいただければと思います。

室町時代に銀閣を建立した将軍

プーチン守護霊　うーん。まあ……、足利時代に出たことはあるなあ。

里村　そうすると、足利氏のお名前は、別の方の過去世としても、今までに何回か出てきていますけども、足利時代の〝前〟のほうですね？（過去に行われた霊言により、足利尊氏がサダム・フセインとして、足利義満が実業家・堤清二として、それぞれ転生していることが判明している。『イラク戦争は正しかったか』『渋谷をつくった男』〔共に幸福の科学出版刊〕参照）

綾織　最初のあたりですか。

プーチン守護霊　うーん。意外に最初のほうじゃないね。

里村　ええ？

綾織　あ、そうですか。ほお。

里村　足利義満よりあとの時代ですか。

プーチン守護霊　私はね、なんか、八代目あたりに出るのが好きなんだ。わりにな。

里村　八代……（笑）。八代ですと……。

プーチン守護霊　君たちも、よく見に行ってるんじゃないの？

綾織　銀閣寺（ぎんかくじ）の？

プーチン守護霊　行ってるでしょう？　修学旅行かなんかで。

綾織　はい。

里村　銀閣寺には……。

藤井　足利義政（よしまさ）ですか。

プーチン守護霊　うん。

里村　あ、義政様？

綾織　ほう。

プーチン守護霊　まあ、ちょっと金（かね）がなくなってたころだけどね。

東山文化を代表する寺院である銀閣寺(慈照寺)

足利義政(1436 ~ 1490)
室町幕府第8代将軍。幕政を正室の日野富子や有力守護大名の山名宗全らに委ね、自らは東山文化を築くなど、芸術面で卓抜した指導力と鑑識眼を発揮。祖父義満が建てた金閣を模した銀閣などを建てた。

里村　いえいえ。

プーチン守護霊　ちょっとねえ、金閣（きんかく）のころよりは金がなくなってて、ちょっと苦しくなってるね。

綾織　はい。かなり渋くなっていましたね（笑）。

プーチン守護霊　「中興（ちゅうこう）の祖（そ）」的な出方をすることが多いんで。

里村　なるほど、ああ……。

プーチン守護霊　王朝とか幕府みたいなのがあって、ちょっと中だるみしてきたときあたりに、「中興の祖」みたいに出るのが、なんとなく、私の魂的には合ってて、ピッチャーで言うと、先発というよりは、五回あたりに登場してくる感じ？

里村　ええ。

プーチン守護霊　リリーフが多い。

里村　それで、しっかりと〝試合〟をつくってくるというわけですね？

プーチン守護霊　うん、うん。それで、最後の仕上げに、九回には、もう一回出てくるあたりの？　五回から九回の二アウトぐらいまで投げるあたりの出方が多いなあ。

奈良(なら)時代の興隆(こうりゅう)期をつくった中心人物

綾織　先ほど、「日本での転生が幾(いく)つかある」とおっしゃっていましたけれども、時代をさらに遡(さかのぼ)っても、ほかの過去世があるんですね？

プーチン守護霊　もちろん、それはほかにもあるよ。まあ、それぞれの時代にあるわなあ。だから、江戸(えど)時代を言ったでしょう？

里村　はい。

プーチン守護霊　足利も言ったでしょう？　だけど、もっと前があるわねえ。その、もっと前になると、奈良(なら)のほうか。

里村　奈良？

プーチン守護霊　奈良時代ぐらいになるのか。

里村　藤原（ふじわら）氏でいらっしゃいますか。

プーチン守護霊　うん。ということになるかなあ？
藤原……。う～んとねえ、奈良で……、まあ、わしも、ちょっと、日本の歴史を明確には言いにくいから、はっきりは言えないんだけど。
なんか、非常に盛り上がってた時代に関係があるような気がするんだけどなあ。奈良で非常に……。まあ、でも、やっぱり、奈良時代の初めではなかったと思う。だから、真ん中へんで、すごく盛り上がった時期があったと思うんだけどねえ。

里村　真ん中の盛り上がった時期といいますと、要するに、大仏建立(こんりゅう)のあと？

プーチン守護霊　うーん、いやあ、まあ、建立のあたりだと思うけどね。あのあたりに出ていると思うね。

綾織　では、聖武(しょうむ)天皇と一緒(いっしょ)に仕事をされていたのですか。

プーチン守護霊　一緒には仕事をしたことがない……。

里村　ただ、同じような時代に生まれていたということですか。

プーチン守護霊　うーん……。一緒には仕事をしてなくて、聖武天皇その人だったらどうする？

里村　え？

綾織　（笑）

プーチン守護霊　嫌(いや)でしょ？　嫌なんだ？

里村　いえいえ。嫌ではありません。

プーチン守護霊　いやあ、やっぱり、これは、安倍さんが嫌(きら)うから。これは、いちおう触(ふ)れてはいけない……。

藤井　仏縁(ぶつえん)も、たいへん深い方でいらっしゃるのですね。

里村　前回の守護霊霊言では、「日本の神々とも、今後、交流する」と言われていましたね（前掲『ロシア・プーチン新大統領と帝国の未来』参照）。

プーチン守護霊　だから、これは、安倍さんが嫉妬した場合に、ちょっと危険があるから、これは遠慮、遠慮、遠慮、遠慮、遠慮するわあ。

綾織　いえいえ。もう、これは、尊敬の対象ですので。

プーチン守護霊　「そこに近い時代だったかもしれない」というぐらいにしておきたい。

綾織　なるほど。ですが、「大毘盧遮那仏、大仏をつくられた」というのであれば、もう、それはたいへんな信仰心です。そのたいへんな信仰心をお持ちになったわけですね。

プーチン守護霊　まあ、（聖武天皇は）「お飾りだった」っていう説も、おたくでは出てるらしいから、それだったらいいやん？“がらんどう”ということで。だって、これは、実質上、「皇后様が賢くてやれたらしい」っていう話だから。ええ？

里村　いや。やはり、それだけの器が……。

プーチン守護霊　まあ、でも、

聖武天皇（701～756）
奈良時代の天皇。仏教信仰に篤く、光明皇后と共に国家鎮護の仏教政策を遂行。全国に国分寺・国分尼寺を置いたほか、行基を実質上の責任者として大仏を本尊とする東大寺を建立した。

ちょっと、これはまずいな。やっぱり、安倍さんとはあんまり……。これはまずかったわ。ちょっと行きすぎた。これは、もう行きすぎたので、「その時代の近くだった」ということにしてくれないかな？

里村　では、ここのところは、日ロ関係のことを考えて、少し〝ぼかして〟おきましょう。

プーチン守護霊　まずいな。まずい、まずい。まずいだろう。ローマ帝国(ていこく)でも「中興の祖」のような役割を果たした

綾織　これだけの構想力を持たれている方ですので、やはり、日本以外でも生まれていますね。

プーチン守護霊　当然あるよ。

綾織　ありますよね。

プーチン守護霊　それはあるよ。当然あるよ。

里村　そういうおっしゃり方をされると、また、すぐに訊かないと、もう……（会場笑）。

プーチン守護霊　もう駄目。もう、これは……。

里村　私たちも興味が湧いてしまいますので、お時間も押しているなか、本当に申し訳ないのですが、「当然ある」とおっしゃる、その過去世を……。

プーチン守護霊　でもー……、そりゃあ、それ以前だったら、やりたいのは、もうローマ帝国しかないでしょう？

綾織　ローマ帝国？

プーチン守護霊　ローマ帝国のなかの、まあ……、それは、塩野七生さんに訊かないといかんわね。誰がいちばん似てそうかはねえ。

里村　ええ。

プーチン守護霊　まあ、訊いたら分かるんじゃないの？

里村　では、あれですか。カエサルの次に続いて皇帝になられた……。

プーチン守護霊　まあ、カエサルみたいな性格じゃないから……。

里村　いいえ、カエサルの次に皇帝になられた方でいらっしゃいますか。

プーチン守護霊　うーん、まあ……、かなりいいところまで来てるねえ。

里村　ええ。

プーチン守護霊　うーん……。だから、まあ、けっこう、人の〝お古（ふる）〟でもらうんだよ、俺（おれ）なあ。

里村　いやいや。それは〝お古〟ではございません。

プーチン守護霊　人の〝お古〟で満足するところがあるからさあ。いやあ、こういう言い方だとまずかったかなあ。

里村　いえいえ。とんでもないことでございます。〝お古〟などと、そんな……。

プーチン守護霊　いや、セクハラだ、セクハラだ。セクハラは、日本でもいけないことになってるんだよな。

いやあ、でもなあ、男らしい男なんだよ、本当はな。

里村　ええ。

プーチン守護霊　男らしい男なんだよ。うん。

綾織　アウグストゥス（オクタヴィアヌス）ですよね？

プーチン守護霊　うーん、まあね。

綾織　ほう！

プーチン守護霊　だから、初代じゃないんだよ。うん、うん。初代じゃないんだけどね。まあ、初代っていうか、「後を継いで固める」っていうのが、なんか好きなんだけどなあ。

里村　確かに、カエサルが暗殺されて、少し滅びかけたときの帝国を、見事にまと

アウグストゥス（オクタヴィアヌス）（前63～14）
ローマ帝国の初代皇帝。志半ばで倒れたカエサルの後を継ぎ、内乱を収拾して平和の確立に務める。地中海世界を統一して帝政（元首政）を創始、パクス・ロマーナ（ローマの平和）を実現した。

められましたよね。

「日本人でいい奥さんはいないか」とこぼすプーチン守護霊

プーチン守護霊　だからねえ、まあ、どっかに、日本人で、〝いい奥さん〟はいないかねえ。

綾織　ぜひ、秋ぐらいまでに（笑）……。

プーチン守護霊　あのねえ、二十歳から五十五歳までが受け入れ範囲だから。

里村　では、そのくらいであれば……。

綾織　（笑）

プーチン守護霊　まあ、五十五歳を過ぎたら、やっぱり、さすがにちょっとどうかなとは思うけど、五十五歳までなら我慢(がまん)する。だから、二十歳から五十五歳まではウェルカムね。

里村　分かりました。それでは、秋の訪日前までには何とか私どもで……（会場笑）。

プーチン守護霊　やっぱり、姿三四郎(すがたさんしろう)の系譜(けいふ)を引くような、ええのはいないかねえ？

里村　身内に女子プロレスラーがおりますので。

プーチン守護霊　ウォホホホホ！（震え上がるようなしぐさをする）

綾織　（笑）

里村　いや、いや（笑）。

プーチン守護霊　いや、それは、ちょっといいかもしれないが……。

里村　いえ、まあ、これは冗談ですので、お時間もありますから、ざれごとはやめにしまして……。

プーチン守護霊　いやいや、そういうのがほんとに出てくると、ちょっと大変だから。

ヒットラーと違い「見識を持って世界を動かそうとしている」

里村　しかし、今日は、本当に突然ながら、プーチン大統領の「本音」の部分をお聞かせいただきまして、ありがとうございました。

プーチン守護霊　いや、だから、オバマさんは、歴史的には、いつもずーっと「負ける側」にいたからねえ。まあ、私は一緒じゃないのよ。

里村　必ず勝つ側に？

プーチン守護霊　私はねえ、けっこう、「逆転して盛り上げるタイプ」なのよ。だからねえ、あんまり、危険だと思って、切らないでください。

ヒットラーとはだいぶ違うよ、言っとくけど。私の目にはねえ、もっとちゃんと見識があるよ。見ているものは見ているので。

里村　はい。

プーチン守護霊　「今のアメリカは、世界のリーダーとして失格だ」と私は見ているので、やっぱり、世界を少し動かさなきゃいけないと考えてる。それで、あえて〝荒技(あらわざ)〟も使うけども、これは、ちゃんと次の布石(ふせき)を考えてやってることなんで、それを理解してくれたら……。

綾織　まさに、中継(なかつ)ぎとして、次に登場する国のことを考えている。

プーチン守護霊　うーん。「日本の時代」も、もうすぐ来ると思うよ。だから、なんか協力できることがあったら、したいなと思ってるね。

里村　これからも、どうぞお願いいたします。

「日本の協力」と「アメリカの反省」を求む

プーチン守護霊　安倍さんもねえ、まあ、オバマさんが〝圧力〟をかけてくると思うけど、「金くれ」だからね。だから、そんなに大した〝圧力〟ではないからねえ。もし、安倍さんがやりにくかったら、なんか、別の勢力が安倍さんをつついて動かせたように見せてもいいんじゃないか。これが君たちの仕事なんじゃないの？

里村　ええ。プーチン守護霊様のお考えをしっかりと広めてまいります。

プーチン守護霊　安倍さんが独自にやると、「独自に動くな」って言うんだろ？あの人は。

里村　はい。

プーチン守護霊　なんか犬みたいだな。縛（しば）りたがってるのなあ。まあ、どうも心配で心配でしょうがないんだろうねえ。

里村　まさに、「冷戦構造」のままの思考です。「冷戦思考」ですから。

プーチン守護霊　うーん。俺の考えは、全然、「冷戦構造」じゃないんだよ。でも、中国が危ないよ。やっぱり中国……。昔は、ロシアと日本は、仮想敵同士だったかもしれないけど、ゴルバチョフ以降は、もう違うからね。全然違っているから。

自衛隊も、今は全部、南のほうに移していってるのは、俺たちが攻撃（こうげき）なんかしないのを知っているからであって、まあ、メドベージェフのときに、ちょっとだけ危険なこともあって、択捉島に行ったりして、怪しげなことをPRしたけどね。

ただ、一般的に、俺の目が光ってるうちは大丈夫だし、その十年ぐらいでかなり固められるとは思うので、「親日路線で固めたいな」と思っている。

俺たちは日本に負けたこともあるからさあ。だから、もうちょっと謙虚だよ。アメリカは（日本に）勝ったと思って傲っているところがあるから、反省しないんだと思うけどね。

まあ、ちょっと、同盟のアメリカの気持ちから見りゃあ〝浮気〟に見えるかもしらんけど、私は、アメリカも、中国に対して開きすぎだと思うよ。「本当は仮想敵でなきゃいけないところを開けて、大きくなりすぎたら叩く」っていうのは、いっつもあそこの癖やね。

「自分らが援助しておいて、大きくなりすぎたら叩く」っていう、これは、ちょっと考え直したほうがいいねえ。やっぱり、やり方に、戦略性、一貫性がないね。

プーチンの時代で、もう一回、ロシアを「花開かせたい」と思っているので、まあ、長くやると嫌われると思うけども、でも、やりたい。だから、そのへんを理解してもらえないかなあ。日本のどこかで理解してくれる人がいれば、考え方を共有できる人はいると思う。

里村　はい。分かりました。しっかりと伝えてまいります。

本日は、まことにありがとうございました。

プーチン守護霊　はい。

14 「プーチン大統領の新・守護霊メッセージ」を終えて

「縮み思考」ではウクライナを救済できない

大川隆法　うーん。驚きました。世界的に、こういう認識を持った人は、たぶん、今、ほかにはいないと思うので、驚きは驚きです。

　きちんと、その政治家の力量などを見て、「自分が何かメッセージを発しなくてはいけない」と考えているようではあります。

　今、ＥＵは、集まって活動してはいても、「烏合の衆」なので、「まとまっての意見」といっても、ありはしないようなものなのです。

　ウクライナはＥＵに「助けてほしい」と言っていますが、「今のＥＵには〝破産国家〟がたくさんぶら下がっている。それをよく見てから、そう言いなさい」と言いたいところです。

実際、助けられないのです。

「助けよう」と思ったら、「もっとクビ切りを進めて、財政状態をよくしろ」と言うのでしょう。EUの国々では、クビを切りまくっているので、国内が失業者で溢(あふ)れており、失業率が二十パーセントも三十パーセントもある国もあります。

「そうしたら、融資(ゆうし)してやる」と言うのでは、どこかの「悪い銀行」のようではないですか。ねえ？

里村　（笑）はい。

大川隆法　これは、おそらく「考え方」に問題があるのだと思います。そのため、「新しい富のつくり方」を生み出すことができないでいます。

ドイツも、かつての日本と同じように「縮(ちぢ)み思考」を持っているから、それができないでいるのだと思うのです。「何か古い考え方が復活しようとしている」と言うべきでしょうか。

まあ、一方的にプーチン大統領の味方をしてはいけないかもしれません。実際、国際政治の力学は、彼が思うように動くかどうか、分からないのです。

ただ、彼の守護霊が言っているとおり、「ロシア」と「中国」を団結させることは、これこそ「冷戦構造に戻す」ということなので、よいことではありません。

むしろ、勇気をふるって、両国の間に〝楔〟を打ち込み、分けさせないといけないでしょうし、それが「安倍さんの新思考」でなくてはいけないのではないかと思います。

オバマ大統領とプーチン大統領の対立を「裁定」するために

大川隆法　オバマ大統領とプーチン大統領の両者（守護霊）から言い分を聞きました。

オバマさんも「いい人」ですし、プーチンさんもそうです。どうも、両方とも「光の天使」のような感じがしています。ただ、「光の天使であっても、民族的に出るときには、もちろん、考え方は、それぞれ違う」ということだろうと思うのです。幸福の科学という〝国際司法裁判所〟に、今、裁定を求めに来ているのだと思われるので、「何らかの裁定を出さなくてはいけない」ということかと思います。両方とも「光の天使」でしょう。おそらく、そうだろうと思います。ただ、やり方は、いろいろありますからね。

里村　「最後のジャッジメントをするところは、やはり、大川総裁のところである」ということだと思います。

大川隆法　そう……ですねえ。

里村　はい。

大川隆法　今度の日曜日（四月二十日）のセミナー「自由の革命」で、プーチン大統領の守護霊霊言をやられたら、もう完全に〝色〟がついてしまうところでした。「私が両方を見て考えなくてはいけない」ということでしょう。「自由の革命」といっても、「ただ革命を起こせばよいわけではない」というのは、そのとおりでしょう。

これは、やはり、「もう一つ、方向性を何か示さないといけない」ということではないでしょうか。

革命は、今、もう世界各地で起きています。

しかし、「それだけではいけない。インターネットでバラバラにされたのではいけない。どちらへ持っていくのかが大事だ」ということですね。

そのへんについて考えてみたいと思います。

質問者一同　ありがとうございました。

あとがき

戦後体制のレジームからの脱却をはかるためには、ロシアカードは、はなせないだろう。中国を「進撃の巨人」にしないためには、アジア諸国の盟主としての日本の立場を高めなくてはなるまい。アメリカに中国や韓国に理性的になるように諭(さと)してもらいつつ、戦後憲法体制を日本に押しつけた「非(ひ)」があることを認めてもらうことも大切だろう。

私は戦後七十年を区切りに、日本やドイツは新しい地平に立つべきだと思う。今、地球的正義とは何かを巡って、自らのあり方を反省してみることだ。さすれば既成観念の刷り込みが、いかに日本人を精神的奴隷境遇に置いてきたかがわかるだろう。
本書『プーチン大統領の新・守護霊メッセージ』も、未来の日本への一転語にしたいものだ。

二〇一四年　四月十九日

幸福の科学グループ創始者兼総裁　大川隆法

『プーチン大統領の新・守護霊メッセージ』大川隆法著作関連書籍

『オバマ大統領の新・守護霊メッセージ』（幸福の科学出版刊）
『小保方晴子さん守護霊インタビュー
それでも「STAP細胞」は存在する』（同右）
『「嫉妬・老害・ノーベル賞の三角関数」守護霊を認めない
理研・野依良治理事長の守護霊による、STAP細胞潰し霊言』（同右）
『守護霊インタビュー　朴槿惠韓国大統領　なぜ、私は「反日」なのか』（同右）
『「忍耐の時代」の外交戦略　チャーチルの霊言』（同右）
『2012年人類に終末は来るのか？』（同右）
『イラク戦争は正しかったか』（同右）
『渋谷をつくった男』（同右）
『ロシア・プーチン新大統領と帝国の未来』（幸福実現党刊）

プーチン大統領の新・守護霊メッセージ

2014年4月23日　初版第1刷

著　者　　大川隆法

発行所　　幸福の科学出版株式会社

〒107-0052 東京都港区赤坂2丁目10番14号
TEL(03)5573-7700
http://www.irhpress.co.jp/

印刷・製本　株式会社 東京研文社

落丁・乱丁本はおとりかえいたします

ISBN978-4-86395-463-2 C0030
写真：©Wiktor Dabkowski/ZUMA Press/Corbis　Till Niermann　EPA=時事

大川隆法 霊言シリーズ・**最新刊**

オバマ大統領の
新・守護霊メッセージ

英語霊言
日本語訳付き

日中韓問題、ＴＰＰ交渉、ウクライナ問題、安倍首相への要望……。来日直前のオバマ大統領の本音に迫った、緊急守護霊インタビュー！

1,400円

「嫉妬・老害・ノーベル賞の三角関数」
守護霊を認めない理研・野依良治理事長の守護霊による、STAP細胞潰し霊言

されど「事実」は時に科学者の「真実」を超える

大切なのは年功序列と学閥？ 理研・野依理事長の守護霊が語った、小保方氏の「ＳＴＡＰ細胞」を認められない「理研のお家事情」とは。

1,400円

小保方晴子さん守護霊インタビュー
それでも
「STAP細胞」は存在する

小保方氏に対するマスコミの行きすぎとも言える疑惑報道――。記者会見前日に彼女の守護霊が語ったＳＴＡＰ細胞の真実と、衝撃の過去世とは！

1,400円

※表示価格は本体価格（税別）です。

大川隆法 ベストセラーズ・「幸福の科学大学」が目指すもの

新しき大学の理念

「幸福の科学大学」がめざす
ニュー・フロンティア

2015 年、開学予定の「幸福の科学大学」。日本の大学教育に新風を吹き込む「新時代の教育理念」とは? 創立者・大川隆法が、そのビジョンを語る。

1,400 円

「経営成功学」とは何か

百戦百勝の新しい経営学

経営者を育てない日本の経営学 !? アメリカをダメにした MBA――!? 幸福の科学大学の「経営成功学」に託された経営哲学のニュー・フロンティアとは。

1,500 円

「人間幸福学」とは何か

人類の幸福を探究する新学問

「人間の幸福」という観点から、あらゆる学問を再検証し、再構築する――。数千年の未来に向けて開かれていく学問の源流がここにある。

1,500 円

「未来産業学」とは何か

未来文明の源流を創造する

新しい産業への挑戦――「ありえない」を、「ありうる」に変える! 未来文明の源流となる分野を研究し、人類の進化とユートピア建設を目指す。

1,500 円

幸福の科学出版

大川隆法 ベストセラーズ・「幸福の科学大学」が目指すもの

「現行日本国憲法」をどう考えるべきか

天皇制、第九条、そして議院内閣制

憲法の嘘を放置して、解釈によって逃れることは続けるべきではない──。現行憲法の矛盾や問題点を指摘し、憲法のあるべき姿を考える。

1,500 円

未来にどんな発明があるとよいか

未来産業を生み出す「発想力」

日常の便利グッズから宇宙時代の発明まで、「未来のニーズ」をカタチにするアイデアの数々。その実用性と可能性を分かりやすく解説する。

1,500 円

もし湯川秀樹博士が幸福の科学大学「未来産業学部長」だったら何と答えるか

食料難、エネルギー問題、戦争の危機……。21 世紀の人類の課題解決のための「異次元アイデア」が満載！ 未来産業はここから始まる。

1,500 円

政治哲学の原点

「自由の創設」を目指して

政治は何のためにあるのか。真の「自由」、真の「平等」とは何か──。全体主義を防ぎ、国家を繁栄に導く「新たな政治哲学」が、ここに示される。

1,500 円

※表示価格は本体価格（税別）です。

大川隆法 霊言シリーズ・世界の政治指導者の本心

ロシア・プーチン 新大統領と帝国の未来

守護霊インタヴュー

中国が覇権主義を拡大させるなか、ロシアはどんな国家戦略をとるのか!? また、親日家プーチン氏の意外な過去世も明らかに。

【幸福実現党刊】

1,300円

バラク・オバマのスピリチュアル・メッセージ

再選大統領は世界に平和をもたらすか

弱者救済と軍事費削減、富裕層への増税……。再選翌日のオバマ大統領守護霊インタビューを緊急刊行! 日本の国防危機が明らかになる。

【幸福実現党刊】

1,400円

アサド大統領のスピリチュアル・メッセージ

英語霊言
日本語訳付き

混迷するシリア問題の真相を探るため、アサド大統領の守護霊霊言に挑む——。恐るべき独裁者の実像が明らかに!

1,400円

大川隆法 霊言シリーズ・日本のあるべき姿を探る

守護霊インタビュー
朴槿恵韓国大統領 なぜ、私は「反日」なのか

従軍慰安婦問題、安重根記念館、告げ口外交……。なぜ朴槿恵大統領は反日・親中路線を強めるのか? その隠された本心と驚愕の魂のルーツが明らかに!

1,500円

日本よ、国家たれ! 元台湾総統 李登輝守護霊 魂のメッセージ

「歴史の生き証人」李登輝・元台湾総統の守護霊が、「日本統治時代の真実」と「先の大戦の真相」を激白! その熱きメッセージをすべての日本人に。

1,400円

「忍耐の時代」の外交戦略 チャーチルの霊言

もしチャーチルなら、どんな外交戦略を立てるのか?“ヒットラーを倒した男”が語る、ウクライナ問題のゆくえと日米・日ロ外交の未来図とは。

1,400円

幸福の科学グループのご案内

宗教、教育、政治、出版などの活動を通じて、地球的ユートピアの実現を目指しています。

宗教法人　幸福の科学

一九八六年に立宗。一九九一年に宗教法人格を取得。信仰の対象は、地球系霊団の最高大霊、主エル・カンターレ。世界百カ国以上の国々に信者を持ち、全人類救済という尊い使命のもと、信者は、「愛」と「悟り」と「ユートピア建設」の教えの実践、伝道に励んでいます。

（二〇一四年四月現在）

愛

幸福の科学の「愛」とは、与える愛です。これは、仏教の慈悲や布施の精神と同じことです。信者は、仏法真理をお伝えすることを通して、多くの方に幸福な人生を送っていただくための活動に励んでいます。

悟り

「悟り」とは、自らが仏の子であることを知るということです。教学や精神統一によって心を磨き、智慧を得て悩みを解決すると共に、天使・菩薩の境地を目指し、より多くの人を救える力を身につけていきます。

ユートピア建設

私たち人間は、地上に理想世界を建設するという尊い使命を持って生まれてきています。社会の悪を押しとどめ、善を推し進めるために、信者はさまざまな活動に積極的に参加しています。

国内外の世界で貧困や災害、心の病で苦しんでいる人々に対しては、現地メンバーや支援団体と連携して、物心両面にわたり、あらゆる手段で手を差し伸べています。

年間約３万人の自殺者を減らすため、全国各地で街頭キャンペーンを展開しています。

公式サイト **www.withyou-hs.net**

ヘレン・ケラーを理想として活動する、ハンディキャップを持つ方とボランティアの会です。視聴覚障害者、肢体不自由な方々に仏法真理を学んでいただくための、さまざまなサポートをしています。

公式サイト **www.helen-hs.net**

INFORMATION

お近くの精舎・支部・拠点など、お問い合わせは、こちらまで！

幸福の科学サービスセンター

TEL. 03-5793-1727（受付時間 火～金：10～20時／土・日：10～18時）

宗教法人 幸福の科学 公式サイト happy-science.jp

教育

学校法人 幸福の科学学園

学校法人 幸福の科学学園は、幸福の科学の教育理念のもとにつくられた教育機関です。人間にとって最も大切な宗教教育の導入を通じて精神性を高めながら、ユートピア建設に貢献する人材輩出を目指しています。

幸福の科学学園

中学校・高等学校（那須本校）
2010年4月開校・栃木県那須郡（男女共学・全寮制）
TEL **0287-75-7777**
公式サイト **happy-science.ac.jp**

関西中学校・高等学校（関西校）
2013年4月開校・滋賀県大津市（男女共学・寮及び通学）
TEL **077-573-7774**
公式サイト **kansai.happy-science.ac.jp**

幸福の科学大学（仮称・設置認可申請中）
2015年開学予定
TEL **03-6277-7248**（幸福の科学 大学準備室）
公式サイト **university.happy-science.jp**

仏法真理塾「サクセスNo.1」 TEL **03-5750-0747**（東京本校）
小・中・高校生が、信仰教育を基礎にしながら、「勉強も『心の修行』」と考えて学んでいます。

不登校児支援スクール「ネバー・マインド」 TEL **03-5750-1741**
心の面からのアプローチを重視して、不登校の子供たちを支援しています。
また、障害児支援の「**ユー・アー・エンゼル!**」運動も行っています。

エンゼルプランV TEL **03-5750-0757**
幼少時からの心の教育を大切にして、信仰をベースにした幼児教育を行っています。

シニア・プラン21 TEL **03-6384-0778**
希望に満ちた生涯現役人生のために、年齢を問わず、多くの方が学んでいます。

NPO
活動支援

いじめから子供を守ろう!ネットワーク

学校からのいじめ追放を目指し、さまざまな社会提言をしています。また、各地でのシンポジウムや学校への啓発ポスター掲示等に取り組むNPO「いじめから子供を守ろう！ネットワーク」を支援しています。

公式サイト **mamoro.org**
相談窓口 **TEL.03-5719-2170**
ブログ **mamoro.blog86.fc2.com**

政治

幸福実現党

内憂外患（ないゆうがいかん）の国難に立ち向かうべく、二〇〇九年五月に幸福実現党を立党しました。創立者である大川隆法党総裁の精神的指導のもと、宗教だけでは解決できない問題に取り組み、幸福を具体化するための力になっています。

党員の機関紙
「幸福実現NEWS」

TEL 03-6441-0754
公式サイト hr-party.jp

出版メディア事業

幸福の科学出版

大川隆法総裁の仏法真理の書を中心に、ビジネス、自己啓発、小説など、さまざまなジャンルの書籍・雑誌を出版しています。他にも、映画事業、文学・学術発展のための振興事業、テレビ・ラジオ番組の提供など、幸福の科学文化を広げる事業を行っています。

アー・ユー・ハッピー？
are-you-happy.com

ザ・リバティ
the-liberty.com

幸福の科学出版
TEL 03-5573-7700
公式サイト irhpress.co.jp

THE FACT

ザ・ファクト
マスコミが報道しない
「事実」を世界に伝える
ネット・オピニオン番組

Youtubeにて
随時好評配信中！

ザ・ファクト　検索

入会のご案内

あなたも、幸福の科学に集い、ほんとうの幸福を見つけてみませんか？

幸福の科学では、大川隆法総裁が説く仏法真理をもとに、
「どうすれば幸福になれるのか、また、
他の人を幸福にできるのか」を学び、実践しています。

入会

大川隆法総裁の教えを信じ、学ぼうとする方なら、どなたでも入会できます。入会された方には、『入会版「正心法語」』が授与されます。（入会の奉納は1,000円目安です）

ネットでも**入会**
できます。詳しくは、
下記URLへ。
happy-science.jp/joinus

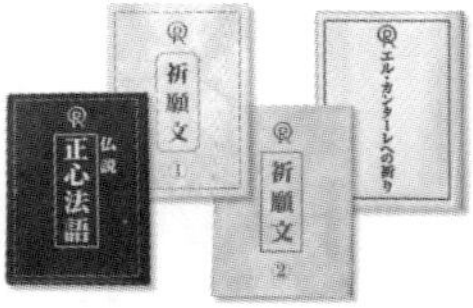

三帰誓願（さんきせいがん）

仏弟子としてさらに信仰を深めたい方は、仏・法・僧の三宝への帰依を誓う「三帰誓願式」を受けることができます。三帰誓願者には、『仏説・正心法語』『祈願文①』『祈願文②』『エル・カンターレへの祈り』が授与されます。

植福（しょくふく）の会

植福は、ユートピア建設のために、自分の富を差し出す尊い布施の行為です。布施の機会として、毎月1口1,000円からお申込みいただける、「植福の会」がございます。

「植福の会」に参加された方のうちご希望の方には、幸福の科学の小冊子（毎月1回）をお送りいたします。
詳しくは、下記の電話番号までお問い合わせください。

月刊「幸福の科学」

ザ・伝道

ヤング・ブッダ

ヘルメス・エンゼルズ

INFORMATION
幸福の科学サービスセンター
TEL. 03-5793-1727（受付時間 火～金：10～20時／土・日：10～18時）
宗教法人 幸福の科学 公式サイト **happy-science.jp**